MLM DE BIG AL

LA MAGIA
DE PATROCINAR

CÓMO CONSTRUIR UN EQUIPO DE REDES
DE MERCADEO RÁPIDAMENTE

TOM "BIG AL" SCHREITER

Para información, contacte:
Fortune Network Publishing,
PO Box 890084
Houston, TX 77289 Estados Unidos

Teléfono: +1 (281) 280-9800

ISBN: 1-892366-62-2
ISBN-13: 978-1-892366-62-7

TALLERES DE BIG AL

Viajo por el mundo más de 240 días al año impartiendo talleres sobre cómo prospectar, patrocinar y cerrar.

Envíame un correo electrónico si quisieras un taller "en vivo" en tu área.

http://www.BigAlSeminars.com

Otros libros geniales de Big Al están disponibles en:

http://BigAlBooks.com

TABLA DE CONTENIDOS

PREFACIO

¿Listo para hacer tu negocio de redes de mercadeo como negocio? ¿No tienes tiempo de prueba y error? ¿Tienes prisa por construir un grupo sólido y crecer desde ahí?

Redes de mercadeo no se mide en clics y "Likes"... es un negocio de personas. Los productos y servicios no tienen piernas. Las personas mueven los productos y servicios. Descubre cómo mover más personas y tendrás éxito.

Enfócate en el sistema básico, paso a paso, de éste libro, prepárate para un negocio divertido y emocionante. Todo negocio es más fácil con un mapa.

Experimenta el negocio a través de los ojos del Distribuidor José, podrás relacionarte con las lecciones sin el rechazo y las frustraciones de la prueba y error. Deja que "Big Al" sea tu guía a través de cientos de preguntas al comenzar tu negocio.

Ahora tienes una guía probada para tu nueva y creciente organización de distribuidores.

—Tom "Big Al" Schreiter

El Distribuidor José

El Distribuidor José se levanta temprano el sábado por la mañana. Toda la semana ha esperado éste día para "patrocinar en serio". No hay empleo que interfiera hoy, sólo esfuerzo 100% para patrocinar distribuidores.

Después de un buen desayuno, José miró el reloj. 8:30 am. - hora de hacer esas llamadas para citas.

Un poco dudoso, José marca el primer número. El teléfono timbra tres veces y José rápidamente cuelga. – Deben estar dormidos todavía. Creo que no debo hacer llamadas tan temprano.– José piensa para sí mismo. – Debería trazar algunas metas durante una hora.

A las 9:30 am., José termina su tabla de metas y proyecciones revisadas, que muestra cuántos bonos recibirá si cada uno de los distribuidores en décimo nivel patrocina solamente una persona por semana, que promedie $250 en volumen semanal. Ha calculado también el número de charlas personales que podrá acomodar en su agenda cuando alcance el rango de "súper estrella"

Pero primero, José tiene que patrocinar a su primer distribuidor.

A las 9:35 am., José hace su segunda llamada. La línea está ocupada. Con un sentimiento de alivio, José piensa: – Posiblemente no le interesaría de cualquier modo.

Hora de revisar los mensajes de Facebook. Quizá alguien perdió su empleo y pueda enviar un mensaje a José, preguntando por una oportunidad.

Sin suerte.

Como José falló al conseguir una cita con sus primeros dos prospectos, decide revisar su lista de prospectos para ver a quién más puede contactar.

Mientras revisa su lista de amistades en Facebook, José se da cuenta que es hora de una pausa para un café. Buen momento para leer el periódico de hoy. Después de todo, es sábado.

Quizá mientras toma su café, José tenga una idea genial para "postear" alguna imagen en internet. Sí, ése es un buen plan.

Después del café, a regresar al trabajo. José busca en internet cuáles imágenes reciben mayor cantidad de comentarios. Más vale asegurarse que esa imagen sea todo un éxito.

Antes de que José se decida por una imagen, es hora para la llamada de teleconferencia semanal. No se pueden hacer llamadas para citas. Es hora de escuchar a los líderes y "uplines" que ganan cheques grandes, probablemente por que hablan con muchos prospectos en vivo todos los días. Y así pasa una hora más.

—¡Wow! Qué buena llamada,— dice José a sí mismo. —Es casi medio día ya. La gente debe estar comiendo. Quizá deba escuchar otras llamadas pre-grabadas de semanas anteriores.

A la 1:00 pm., José comienza a sentirse un poco culpable ya que ha hecho de todo esta mañana, menos patrocinar. Piensa para sí mismo:

–No es que tenga miedo de hablar con gente y que me rechacen. Sólo estoy haciendo unas buenas bases para una grandiosa tarde. De hecho, estoy listo para salir a la calle y "patrocinar a lo grande."

Mientras José se alista para salir de casa, de repente vuelve a sus sentidos y recuerda: –Uuups, estoy olvidando la comida. Mejor será comer algo antes de salir.

A las 2:00 pm., José finalmente sale de casa y pone reversa para salir de la cochera. Pero, ¿a dónde irá primero? No hay citas. No hay planes.

José se arma de coraje y se dirige al centro comercial de la zona para prospectar en frío. Tiene buenas oportunidades y las personas con las que hablará son dueños de pequeños negocios... una combinación ideal para el éxito.

El dueño de la tienda de donas tenía una fila de clientes, así que José sabiamente lo pasó de largo.

El dueño de la tienda de artículos de cocina tenía sólo un cliente, pero si José era rechazado, ese cliente pensaría mal de José y de su oportunidad.

La señora de la tienda de flores tenía una mala cara. Más vale no entrar y molestarla aún más.

En la zapatería, sólo había un joven vendedor. Pero, si José estuviese presentando su oportunidad con el vendedor, el supervisor podría sorprenderlo y echarlo de la tienda.

Ah, pero el dueño del taller de reparación de relojes estaba solo.

José se presentó. El dueño del taller de relojes inmediatamente tomó el control preguntando: −¿Cuánto dinero me va a costar? ¿Cuánto tiempo llevas haciendo ésto? ¿Cuáles son tus credenciales? ¿Me puedes mostrar tus últimos 12 cheques?

Totalmente intimidado, José rescató la situación diciendo que estaba muy ocupado y que tenía otro compromiso y salió rápidamente de la tienda.

A las 3:20 pm., José subió a su auto, muy desmotivado. Se dio cuenta que su autoestima estaba en cero, pero quería hacer un último esfuerzo. José decidió conducir hacia la casa de un amigo y hacer una última presentación.

A las 3:45 pm., José detuvo su auto frente a la casa de su amigo, sin entrar a la cochera. Desde la calle, José no pudo ver actividad a través de la ventana. Como parecía que no había nadie en casa, José se dijo a sí mismo:

−Bueno, ahora es buen momento de ir a casa y revisar mi buzón de e-mail. Un empresario exitoso debe de comunicarse de inmediato.

"Big Al"... Una Pista Para El Éxito.

El Distribuidor José tenía un patrocinador profesional llamado **Big Al**. Cuando Big Al llamó a José para ver cómo había salido todo, ya sabía de antemano lo que José reportaría.

Le dijo: –José, yo sé que estabas ansioso por hacer bien las cosas, y yo conozco ese sentimiento de inseguridad que nos invade cuando patrocinamos. Pienso que después de esa experiencia estás dispuesto a escuchar mi consejo sobre cómo curar ese problema **permanentemente**.

El espíritu de José se levantó inmediatamente mientras se apresuraba a la casa de Big Al para aprender la solución secreta a su problema de patrocinio.

Cuando José llegó, Big Al dijo:

–Una lección vale 10,000 palabras. La mayoría de los distribuidores recibe buenos consejos pero nunca se dan cuenta del valor y no los ponen en práctica. No voy a darte una solución mágica para tu problema de patrocinio. Eso lo aprenderás por tu cuenta. Por ahora, ésto es lo que quiero que hagas. De todas las personas que conoces, amigos, parientes, compañeros de trabajo, habrá por lo menos algunas pocas personas que se **sientan** como tú? Tú sabes, ¿quizá quieren más dinero o una carrera que les dé más tiempo libre?

El Distribuidor José pensó por un momento y dijo: –Sí, conozco un par de personas que se **sienten** como yo.

Big Al dijo entonces: –Haz algunas llamadas y agenda algunas citas para el martes por la noche. No te preocupes por nada, que yo iré contigo y haré toda la charla. Tú sólo me acompañas y observas, ¿bien?

–¿Qué tengo que decir?– Preguntó el Distribuidor José.

Big Al continuó: –Son amigos tuyos. No necesitas un guión. Sólo diles lo que te venga naturalmente, como "¿Te gustaría ganar más dinero? Quiero que conozcas a mi amigo, Big Al. Reunámonos en tu casa el martes por la noche durante unos 20 minutos. Te va a encantar conocerlo".

José sintió que no era muy difícil. Después de todo, no tenía que hacer nada más que acordar la cita. La presentación entera sería hecha por Big Al. José podría sentarse, dejar que sus amigos balacearan toda clase de preguntas y objeciones y observar a Big Al manejarlos y hacerlos distribuidores.

Big Al señaló el teléfono y dijo: –¿Por qué no hacemos una o dos llamadas ahora?

José estaba motivado, en sólo 20 minutos había acordado cuatro citas para el martes por la noche. Y manejar las preguntas en el teléfono fue muy simple por que la actitud de José era muy positiva.

Cuando preguntaban: –¿De qué se trata?– José respondía: –Sólo quiero presentarte a Big Al, tiene muchas ideas buenas para hacer dinero y te va a gustar conocerlo, es un tipo muy interesante.

Big Al miró a José y dijo: –Ve a casa, relájate. Nos veremos en tu casa el martes a las 5:30 pm., después de tu trabajo. Ya haz logrado más en 20 minutos de lo que la mayoría de distribuidores logra en una semana.

Dos Contra Uno: La Ventaja Injusta

La noche del martes fue tan buena que José estaba sin palabras. Una persona no estaba interesada, una persona necesitaba pensarlo un poco más, y **dos personas se hicieron distribuidores.** Imagina, dos nuevos distribuidores de primer nivel ¡sólo en una tarde!

Y fue muy fácil. José presentó a Big Al con sus prospectos y Big Al tranquilamente mostró la oportunidad. Cuando Big Al terminaba, el prospecto o se unía o no. No hubo presentaciones mágicas, no hubo presión, sólo una simple explicación que José probablemente podría hacer igual de bien.

Pero lo más sorprendente fue cómo reaccionaban los prospectos. Escuchaban cada palabra que Big Al decía. Lo trataron con respeto. No hubo objeciones cínicas. Los prospectos tenían el mejor comportamiento. Lo cual hizo el trabajo de Big Al, más sencillo.

Cuando Big Al y José regresaron a casa de José más tarde ese día, José pidió a Big Al que pasara para explicar los maravillosos sucesos de esa tarde. Big Al sonrió y José comenzó a tomar notas.

Big Al dijo: –El secreto para patrocinar en esta tarde fue simple. **Nosotros éramos dos y él sólo era uno.** Teníamos una ventaja injusta. Todo lo que teníamos que hacer era convencer a una persona a nuestro modo de pensar. Y

14

nuestro pensamiento debe de tener algo de mérito, por que hay dos de nosotros que ya lo comparten. Es más fácil para el prospecto unirse a nuestro entusiasmo de lo que sería convencernos a ambos de que estamos equivocados. Además, tu prospecto quiere pensar como nosotros. Él también quiere dinero extra.

Big Al continuó: –Esto te puede sonar simple, pero la mayoría de patrocinadores profesionales trabajan en parejas. Saber este secreto es vital para tu éxito. Echemos un vistazo más de cerca al **por qué** los profesionales trabajan en pareja.

1. Cuando visitas a un amigo, te puede sacar del tema con historias, plática de deportes y charla sobre sus familias. Puede hacerte bromas, provocarte y darte toda clase de molestias sólo por diversión.

Pero la escena cambia drásticamente cuando estás con un extraño. Se comporta educadamente por que no me conoce. Siente que soy un experto por que soy un extraño. Puede que sea tu jefe, así que tendrá el mejor comportamiento para no avergonzarte. Puede que sienta que es capaz de intimidarte, pero con la presencia de un desconocido, será cooperativo y estará al nivel del negocio.

2. Tu prospecto sólo te ve a ti, no a la compañía que representas. Si siente que eres inadecuado personalmente, rechazará la oportunidad basándose en ti, no en la compañía. Sin embargo, si un extraño está presente, deberá tomar una decisión con los hechos disponibles a mano, no contigo y tu situación actual.

3. Cuando dos personas trabajan como equipo, su auto-confianza está en un alto nivel. Se mantienen motivados el uno al otro. No es como comerse el mundo a solas. Si estás por tu cuenta, posiblemente tienes miedo al rechazo, miedo a hacer citas, y eres más propenso a evitar el contacto con los prospectos.

Es por eso que pasaste el sábado haciendo papeleo. Si tuvieses compañía, cada uno haría un esfuerzo para no decepcionar al otro. Si cada uno fuese a conseguir cuatro citas, te asegurarías de completar tu parte de la tarea. Ninguno quiere ser el primero en renunciar.

4. Cuando dos distribuidores hacen una presentación, uno habla, el otro guarda silencio y observa. El observador no tiene que preocuparse por asegurarse que la presentación tiene toda la información en orden, etc., así que es libre para observar de cerca al prospecto y detectar pistas sobre su motivación. Cuando llega el momento para que el prospecto tome una decisión, el observador es capaz de ayudar con alguna información vital que haya sido pasada por alto.

5. Dos distribuidores trabajando juntos consiguen más que cada uno trabajando por separado. Estoy seguro que ahora ves por qué eres mucho más eficiente trabajando en equipo. Los profesionales buscan la eficiencia.

6. Si no trabajas en equipo y haces que tus distribuidores patrocinen por su cuenta, entonces estarías asumiendo lo siguiente:

a) Tu nuevo distribuidor tiene un conocimiento instantáneo y completo sobre el negocio.

b) Tu nuevo distribuidor está bendecido con una auto-confianza ilimitada y puede tolerar el rechazo por su cuenta.

c) Tu nuevo distribuidor se ha convertido en un presentador totalmente competente del negocio, en el mismo instante en que firmó su aplicación.

Sería ridículo asumir lo anterior. Por lo tanto, la única alternativa es trabajar en equipo.

7. Cuando dos distribuidores trabajan en equipo, hay oportunidad de evaluar cada presentación. Pueden revisar los puntos buenos y los no tan buenos de la presentación que acaban de terminar para asegurar que la próxima presentación sea aún mejor. El tener dos puntos de vista, el del presentador y el del observador, es sin duda invaluable.

–Como puedes ver, José, el sentido común dicta que el patrocinio debería hacerse en parejas. Por las próximas dos semanas, tú y yo trabajaremos en equipo las tardes de los martes y los sábados. Necesitaremos cuatro citas los martes y seis citas los sábados. Eso son diez por semana. Yo haré cinco citas y tu harás las otras cinco. ¿Suena bien?

José estuvo de acuerdo con mucho entusiasmo. Esto va a ser sencillo. Todos sus miedos sobre patrocinar se desvanecieron y José vio un futuro brillante con muchos distribuidores.

No Puedo Creer Que Fue Tan Fácil

–¿Por qué fue tan sencillo?– Preguntó el Distribuidor José. –Fue tan sencillo conseguir una cita. Fue tan sencillo sentarnos con mis amigos. Fue tan sencillo afiliar nuevos distribuidores. ¿Qué es lo que está sucediendo?

Big Al contestó: –Bueno, no fue la presentación la que hizo el trabajo. Te diste cuenta que mi presentación fue simplemente dar algunos datos y después preguntar qué más querían saber. Déjame decirte cuál es el verdadero secreto detrás de todo ésto.

El Distribuidor José estaba listo para aprender, así que Big Al continuó:

–Las personas toman la decisión de unirse a tu negocio **antes** incluso de que comiences tu presentación. La presentación no tiene nada que ver con ello. Tu amigo tomó la decisión de hacer la cita antes de la presentación. Tu amigo quería unirse, de lo contrario no nos hubiese permitido ir a visitarlo en un principio.

Los ojos del Distribuidor José se abrieron grandes: – ¡Wow! Eso es increíble. Así que lo que estás tratando de decirme es que mis prospectos han tomado ya una decisión positiva **antes** de que comience mi presentación?

–¡Ya lo tienes!– dijo Big Al. –Después, cuando estemos cubriendo algunos puntos básicos contigo, aprenderás las

18

habilidades del cierre. De las 25 habilidades de redes de mercadeo, el cierre es una de las habilidades más importantes. Pero por lo pronto, considera ésto:

Una mujer entra a una zapatería y ve 1,000 zapatos en exhibición. ¿Cuánto tiempo le toma hacer la decisión sobre el par que le gusta? ¡Micro-segundos! Ella inmediatamente toma una decisión sobre estilo y color, usando programas que le dicen lo que le gusta. Todo ésto ocurre antes de la presentación sobre la calidad del zapato, dónde se fabricó, los materiales, etc.

Un hombre va a un partido de fútbol. Ya ha tomado una decisión acerca de cual equipo quiere que gane, aún antes de que comience el juego. Tiene programas internos que le dicen lo que le gusta.

Cuando llamaste a tu amigo y preguntaste si quería ganar dinero extra, tu amigo tiene un programa interno que le dijo que debía progresar en la vida en lugar de estancarse donde estaba. Es por eso que tomó la decisión de hacer la cita.

Los humanos tomamos decisiones rápidas. Nosotros necesitamos manejar esas decisiones rápidas. En el sistema que te he mostrado hasta el momento, el sistema hace que manejar esto sea sencillo. Y como dije, no tienes que aprender todo en tu primer mes. Te enseñaré las 25 habilidades básicas una por una. Pero por lo pronto, sólo usa este simple sistema mientras aprendes lo demás.

El Distribuidor José pensó en esto por un momento: –Sí, aparentemente las personas toman decisiones rápidas, así que la presentación no es el punto. Es lo que sucede antes, lo que hace toda la diferencia.

Así que, ¿por qué no seguir éste sistema con Big Al por un tiempo y veremos qué sucede?

La Recompensa

Después de dos semanas, José tenía 15 distribuidores en su grupo. Casi se estaba convirtiendo en rutina. Los martes por la tarde y los sábados, Big Al y José presentaban la oportunidad y dejaban que los prospectos decidieran si querían unirse o no. Sin magia, sin presión. Sólo mostrando la oportunidad.

Big Al y José estaban tomando un café cuando Big Al dio el anuncio: –José, tu entrenamiento ha terminado. Ahora estás por tu cuenta. Has escuchado mi presentación tantas veces, que la puedes decir mejor que yo.

José tenía una mirada desconcertada: –Pero, ¿somos un equipo, no es así?

Big Al rió y dijo: –José, no quiero que vayas y patrocines tú solo, quiero que hagas equipo con tus nuevos distribuidores. Seguramente tú y yo podemos patrocinar 1,000 distribuidores por nuestra cuenta, pero no es así como funcionan las redes de mercadeo. Debes de trabajar inteligentemente, no fuertemente.

Debes entrenar a tus distribuidores justo como te he entrenado a ti. ¿No preferirías tener cinco o diez de tus nuevos distribuidores afuera patrocinando, en lugar de tú hacerlo todo? ¿No crees que tus nuevos distribuidores se desanimarán si no trabajas con ellos como equipo? Además, José, te quedarás sin amigos a quienes presentar.

21

En lugar de hacer prospección en frío, publicar anuncios, etc, ¿no tiene más sentido hablar entre amigos? Tienes 15 nuevos distribuidores, algunos están motivados, otros no. Pide que hagan citas justo cómo he hecho yo contigo. Probablemente tendrás por lo menos cuatro o cinco distribuidores que tomen la oportunidad en serio y querrán que trabajes con ellos. Trabajar con esos cuatro o cinco distribuidores serios te mantendrá ocupado durante mucho, mucho tiempo.

Tendrás una organización grande y fuerte. Esta es la manera más rápida y segura de convertirse en súper estrella en redes de mercadeo.

José hizo algunos cálculos rápidos. Si pudiese trabajar con sólo cinco de sus nuevos distribuidores para que cada uno tenga 15 distribuidores, eso sería un total de ¡75 nuevos distribuidores en su grupo! Además, ahora tendría cinco distribuidores totalmente entrenados quienes podrían trabajar con sus respectivos distribuidores. Eso podría significar cientos de distribuidores nuevos en su grupo. José estaba comenzando a entender el significado de la palabra "eficiencia".

En lugar de que cada distribuidor deambulara por su cuenta, usando el trabajo en equipo, José podría tener cientos de distribuidores en su organización en sólo dos o tres meses. Big Al pasó tres semanas entrenando a José, así que sólo le tomaría a José dos o tres meses entrenar a sus cuatro o cinco distribuidores clave. José podría trabajar con un distribuidor los martes y los sábados y con otro distribuidor, los miércoles y los jueves.

Sólo piensa, en 60 a 90 días, José podría tener un grupo que sería la envidia de sus pares. Todo lo que José tenía que hacer era seguir el sistema.

Big Al señaló que José podría ser un súper estrella sólo usando los básicos que había aprendido en las últimas tres semanas. Sin embargo, Big Al insistió en que él y José se reunieran semanalmente para mantener a José en curso y mejorar sus habilidades de patrocinio.

José agradeció a Big Al por toda la ayuda, sin darse cuenta que Big Al acababa de agregar otra fuerte línea de distribución a través de José.

No Todos Son Trabajadores

Dos semanas después, mientras tomaban un café, el Distribuidor José y Big Al discutían la sabiduría del Sistema. José cayó en cuenta de que patrocinar muchos distribuidores personales no tendría sentido. Por que si José va a trabajar con demasiadas personas, entonces los primeros distribuidores originales renunciarían por falta de entrenamiento y atención.

El Distribuidor José preguntó: −Tiene sentido limitar el número de distribuidores personales, pero, ¿qué tal si sólo dos o tres de los 15 distribuidores originales fuesen trabajadores serios? ¿Qué pasa con los otros distribuidores desmotivados? ¿Cometimos un error al patrocinarlos?

Big Al respondió: −Es bien sabido que los distribuidores desmotivados usan los productos y pueden ser buenos consumidores. Puedes ganar cientos de dólares en volumen mensual solamente atendiendo a tus distribuidores desmotivados. Ciertamente debemos de ayudarlos, no de ignorarlos.

Los distribuidores desmotivados tienen diferentes objetivos que tú, José. Se pueden haber unido sólo para vender y hacer unos cuantos dólares extras, o solamente querían comprar al mayoreo para su consumo, o disfrutan estar relacionados con tu comunidad de distribuidores positivos. Mi organización hace varios miles de dólares mensuales de "consumo interno".

El problema aquí, José, es que estás perdiendo la perspectiva general. No has patrocinado a un distribuidor desmotivado, sino, has patrocinado a **un valioso contacto que conoce docenas de prospectos de buena calidad, quienes una vez patrocinados, se convertirán en trabajadores**. En otras palabras, no juzgues a un distribuidor desmotivado por lo que pueda hacer. Júzgalo por la cantidad de distribuidores potenciales que puede traer a su organización.

Tu objetivo es trabajar en profundidad al conseguir referidos de tu distribuidor desmotivado. Seguramente él conoce por lo menos a una persona que puede convertirse en un buen trabajador de tu organización.

Los patrocinadores profesionales rápidamente admiten que probablemente no patrocinaron a la mayoría de sus trabajadores de manera personal. Sus trabajadores fueron probablemente distribuidores de segundo, tercero o inclusive décimo nivel, quienes como la espuma, subieron hasta la cima.

Nunca dudes en patrocinar a un distribuidor desmotivado. Sus objetivos personales pueden cambiar y puede convertirse en un trabajador, o te puede guiar hasta un trabajador que posiblemente tu nunca hubieses conocido.

Matando Mitos

La semana siguiente, durante su reunión regular para el café, José confesó estar tentado a hacer algunas interesantes innovaciones en el patrocinio. José había investigado algunas buenas ideas y quería saber si podía implementarlas para un crecimiento más rápido.

No es que El Sistema no funcionara. De hecho, José tenía ahora más de 85 distribuidores en su organización después de sólo siete semanas en el negocio. Es que tales nuevas ideas sonaban tan fabulosas que José no podía esperar para ponerlas en práctica.

Big Al sonrió y respiró profundamente: –José, creo que es hora de matar algunos mitos. Cada distribuidor tiene su propia idea de cómo reclutar rápidamente. Algunas pueden funcionar parcialmente, algunas otras sólo nos harán coleccionar aplicaciones, algunas pueden ser usadas solamente por personas con algún talento especial, y otras sólo funcionan en circunstancias inusuales. La razón por la que los profesionales usan El Sistema es por que funciona. Cualquiera lo puede usar y saltar hasta el tope en cuestión de semanas.

La razón por la que insistí en reunirnos semanalmente es para mantenerte en el camino correcto, José. El seguir distintas ideas de patrocinio, en una manera desordenada sólo te desgastará y te robará tiempo del Sistema. Si estás ocupado escribiendo anuncios, entonces tu nuevo distribuidor está sentado en casa, sólo, y nada está sucediendo. Continúa en El Sistema, evita desviarte del curso que llevas en el presente. Pero no quiero que me tomes la palabra.

–Examinemos juntos algunos de los mitos más recurrentes en torno al patrocinio y analicemos sus debilidades. Con este conocimiento, no estaremos tentados de desviarnos de nuestro curso ya probado.

Las siguientes tres horas, fueron pasadas analizando el por qué muchos de los otros métodos de patrocinio no funcionan consistentemente para la mayoría de los nuevos distribuidores. Aquí están algunos de los mayores mitos y sus debilidades:

1. Avisos en Internet y periódicos – Se Busca Ayudante. Imagina a un chico desempleado de 17 años leyendo el periódico. Sin dinero, sin carro, sólo buscando unos pocos dólares para su próxima cita. El problema con los avisos de Se Busca Ayudante es que alcanza al desempleado que necesita dinero ya. No pueden esperar varios meses para construir un negocio. Quieren saber cuánto es el salario que paga el empleo. La verdadera persona que buscas es aquel con empleo, quien quiere construir un negocio de tiempo parcial. Como ellos no leen la sección de avisos de Se Busca Ayudante, ¿por qué anunciarse ahí?

2. Avisos de Internet y periódicos – Oportunidad de Negocio. Además de que los lectores son menos, no alcanzas a gente de negocios que quiere construir un negocio. Probablemente han acumulado suficiente efectivo para contratar un gerente para operar su negocio de redes de mercadeo por ellos.

Pero, ¿las redes de mercadeo son un negocio que se pueda comprar? No. Es un negocio que requiere esfuerzo personal. Obviamente éste no es el mejor lugar para encontrar trabajadores deseosos de salir y comenzar un negocio.

3. Oficinas de Desempleados. La mayoría de las personas en la oficina, caen en dos categorías:

a) Aquellos que no quieren buscar un trabajo y sólo quieren recolectar el beneficio. Ciertamente no queremos molestar a esta gente al darles una oportunidad para trabajar.

b) Aquellos que buscan trabajo por que no han sido capaces de conseguir uno. Estas personas necesitan un empleo ya, no una oportunidad de negocio que pagará en los meses por venir. (Vea #1)

4. Agencias de Empelo – Vea #1.

5. Puerta a puerta. Ciertamente está bien para personas con tendencias masoquistas, pero no para la mayoría de las personas. Además es una buena manera de recibir un disparo o sufrir un asalto. No te puedes permitir el perder trabajadores ante un ladrón.

6. Correo postal o E-mail. ¿No sería lindo si sólo enviásemos una carta y las personas se asociaran? Pero, ¿qué es lo que hacemos con la mayoría de nuestro correo no deseado? Sin embargo, escribir cartas es una buena manera de pasar los ratos libres y practicar nuestra ortografía y caligrafía. Y si estás comprando estampillas, estás apoyando al Servicio Postal. Pero como herramienta de patrocinio, dejémosla para los experimentados profesionales escritores de catálogos por correspondencia.

Y si alguien se afiliase por que creen que tienes un e-mail bueno, entonces, ¿que pasará cuando esa persona reciba un e-mail que se vea mejor?

7. Ventas por Teléfono y Llamadas en Frío. Son las 2 pm., un jueves por la tarde. Acabas de arreglártelas para poner a dormir a tu bebé de seis meses de edad. Estás mirando tu programa favorito y están a punto de anunciar la identidad secreta del villano.

El teléfono suena. ¿Cuál crees que será tu actitud cuando un desconocido diga que te llamó al azar para que seas un distribuidor? La gente está tan habituada a los vendedores por teléfono que quieren venderles algo, que se rehúsan a escuchar cualquier guión de ventas por parte de un desconocido. Seguramente debe de haber una manera más fácil.

8. Panfletos y Volantes. Casi todo distribuidor en redes de mercadeo, siente que ha escrito el anuncio perfecto que obligará al prospecto a llamar y suplicar por ser un distribuidor. Sale y los pega, los entrega en las esquinas, los desliza bajo muchas puertas.

Mientras puede producir alguna actividad de prospectos no calificados, el beneficio real es que el distribuidor respira aire fresco y se ejercita. ¿Qué es lo que hacemos normalmente cuando las personas nos pasan volantes y panfletos? ¿Es éste el método más eficiente de llegar a prospectos calificados? Si el anuncio perfecto para redes de mercadeo existiese, ¿no estaría todo el mundo ya patrocinado?

Y si los panfletos y volantes funcionaran, la compañía no nos necesitaría.

9. El tablero de avisos en el supermercado. ¿Cuantos trabajadores serios piensas que leen los avisos del tablero del supermercado en busca de una oportunidad de negocio sólida?

10. Colectas de Fondos. Una vez que los fondos han sido recolectados, tu te quedas con cero distribuidores. ¿Ésta es la manera de construir una organización sólida? Es duro convencer a una organización de usar un producto y es duro entrenarlos para venderlo. ¿Por qué poner esfuerzos en un beneficio de corto plazo y una sola ocasión?

Big Al continuó: –Seguramente hay algo de mérito en éstos métodos. Si tienes tiempo extra, no hay nada malo en hacerlos. Pero no te desvíes del Sistema. Sólo por que una persona haya tenido éxito con uno de éstos, no significa que vas a encontrar el mismo conjunto de circunstancias.

Déjame darte un ejemplo. En una convención, una joven de 17 años dijo haber vendido más de $1,000 de productos y patrocinar varios distribuidores, al ir casa por casa en su vecindario en sólo una semana. Todos estaban emocionados por que ésta jovencita les haya compartido el camino al éxito.

No hace falta decir que los demás distribuidores fallaron. Lo que la joven chica olvidó mencionar es que su madre era la alcalde de su pequeño pueblo, era dueña de la mayoría de las propiedades, y sus inquilinos se sintieron obligados a ayudar a su hija.

Otro ejemplo: un hombre te cuenta con confianza sobre su éxito al ayudar a un templo a recolectar fondos a través de la venta de sus productos. Lo que no se menciona es que su hermano era el ministro y ordenó a los fieles vender el producto.

En otras palabras, consigue todos los datos. La mayoría de las veces hay circunstancias especiales detrás de éstos métodos de patrocinio ineficientes. Evita seguirlos ciegamente. **Usa El Sistema y deja que los patrocinadores amateur persigan su cola intentando hacer que los otros métodos funcionen.**

El Agente Viajero

La semana siguiente en el café, el Distribuidor José relató una interesante situación. Parecía que uno de los distribuidores más prometedores de José tenía un prospecto a 150km fuera de la ciudad. Como les tomó toda la tarde el viaje de ida y vuelta, no hubo tiempo para otras citas.

Aún que el prospecto quería tiempo para pensarlo, José estaba confiado en que se uniría. ¿Valió la pena el tiempo y esfuerzo de salir fuera de la ciudad? ¿Pudo haber estado mejor pasar el tiempo haciendo dos o tres presentaciones localmente?

Big Al tomó una hoja en blanco y comenzó a calcular.

—Veamos, 300km viaje redondo, a un costo de 50 centavos por kilómetro equivale a $150.00. Necesitarás un segundo viaje para completar la afiliación, así que esos son otros $150.00, para un total de $300.00. José, con esos mismos $300.00, hubieses podido sobornar a tu vecino para convertirse en distribuidor y regresado a tu casa a las 6:30 pm.

Además, mira el ingreso que dejas de ganar por perder dos tardes de patrocinio. ¿Cuánto dinero podrías hacer con esos patrocinios potenciales que no viste debido a que estabas fuera de la ciudad? Suma esa cifra a los $300.00, y pregúntate si ese prospecto fuera de la ciudad valió la pena.

Pero esa no es toda la historia. ¿Cuánto tiempo perderá tu distribuidor conduciendo fuera de la ciudad para entrenar a este prospecto? Yo personalmente patrocino personas en mi patio trasero. Ya has escuchado el dicho **"El pasto es más verde del otro lado de la cerca"**.

¿Por qué no dejar a los patrocinadores amateur conducir, pasando por su camino 100,000 prospectos potenciales, rumbo a su prospecto fuera de la ciudad? Habrá varios de estos amateurs en tu organización que no querrán seguir El Sistema. Dales los referidos y déjalos conducir. Como patrocinador profesional, tu tienes mejores cosas en las que ocupar tu tiempo que conducir.

Pregunta de Examen: El Distribuidor A quien vive en la ciudad de Alfa, conduce 160km a la ciudad de Bimbo, para patrocinar un nuevo distribuidor. Al mismo tiempo, el Distribuidor B, quien vive en Bimbo, conduce 160km a la ciudad de Alfa para patrocinar un nuevo distribuidor.

Pregunta: ¿Quién gana?

Respuesta: La gasolinera.

Big Al continuó: –Piensa en ello de ésta manera. Casi todas las personas que tú conoces están pre-calificados. Las personas quieren más dinero en sus vidas y quieren los beneficios de nuestros productos. Nuestro trabajo es simplemente no ahuyentarlos al hablar con ellos y dar una terrible, no entrenada y aburrida presentación. Tu y yo no tenemos que conducir cientos de kilómetros para encontrar un buen prospecto. Los buenos prospectos están en todas partes.

Una Historia Vale 10,000 Hechos

Big Al estaba afilando las habilidades de presentación de José: –No sólo lances datos, cuenta una historia. Tus prospectos y distribuidores **recordarán la historia mucho después de que los hechos se hayan olvidado**. Y las historias son más poderosas y más motivadoras.

¿No quieres motivar a tu prospecto o distribuidor? Apuesto a que puedes recordar una historia interesante que te contó tu maestro de primer grado. Pero habrás probablemente olvidado 90% de los datos que tuviste que memorizar en la secundaria. ¿Prueba suficiente?

Y la mejor parte es que las historias enganchan a las personas. Cuando estás contando una historia, la gente se olvida de ti. Se enfocan en la historia. Así que si quieres que la gente deje de juzgarte, y se enfoque en la oportunidad, cuenta una historia.

Big Al compartió entonces algunos ejemplos de historias que estaban garantizadas a traer vida a una conversación o presentación.

"Trabaja Inteligentemente – ¡No Duro!"
Historia #1

Si el presidente de un gran conglomerado gana $1'000,000 al año y un trabajador común gana $10,000 al año, ¿significa que el presidente trabajó 100 veces más duro? ¿Puso el presidente 100 veces más horas por semana? Yo dudo que el presidente de cualquier conglomerado pueda trabajar una semana de 400 horas. ¿Por qué es entonces que algunas personas ganan mucho más que otras?

Ellos trabajan inteligentemente – no duro.

Estas personas han encontrado maneras de proveer más servicio, de ser más eficientes... maneras de liderar a otros a más productividad. En otras palabras, ellos producen más valor en la misma cantidad de tiempo.

¿A quién pagarías más? A una persona que vende $100 de tu producto o a una persona que vende $1,000 de tu producto? Obviamente, pagarías a la segunda persona 10 veces más. Si queremos recibir más ingreso, debemos producir más servicio. Debemos encontrar maneras de trabajar inteligentemente, no duro.

Si yo necesitase una zanja de un kilómetro de largo, y estuviese dispuesto a pagar $10,000, podrías solicitar el trabajo. Tomarías tu fiel pala y comenzarías a cavar. Al terminar un año, tu zanja estaría completada. Por esa zanja de un kilómetro, yo te habría pagado $10,000 por que habrías completado un servicio con valor de $10,000.

Por otro lado, un amigo tuyo podría aplicar para el trabajo. Tu amigo va y renta una máquina excavadora de

35

zanjas por $100 y termina el trabajo en un día. ¿Él también completó un servicio con valor de $10,000?

¿Quién trabajó inteligentemente y quién trabajó duro?

–José– dijo Big Al, –Esta historia tiene varias aplicaciones. Debes contar esta historia a un prospecto para imprimir en ellos que trabajar para alguien más es trabajar duro, y tener tu propio negocio de tiempo parcial, es trabajar inteligentemente.

Debes usar esta historia con un nuevo distribuidor que pasa todo su tiempo buscando nuevos distribuidores de primer nivel. Eso es trabajar duro. En lugar de patrocinar a todos personalmente, tu nuevo distribuidor debe usar El Sistema, para que patrocine unos pocos personalmente, pero termine con cientos en su organización. Eso es trabajar inteligentemente.

"La Educación Adecuada"
Historia #2

Veamos cuantos años de nuestra vida pasamos en la escuela:

Escuela Primaria: 6 años

Escuela Secundaria: 3 años

Preparatoria: 3 años

Licenciatura: 4 años

Total: 16 años

Una licenciatura puede costar unos $30,000 por año. ¿Por qué estudiamos licenciatura? Para ser exitosos. Pero en la licenciatura, tomamos Inglés, Contabilidad, Negocios, Ingeniería, etc. Todos estos son cursos diseñados para hacernos buenos empleados para alguien más. No tomamos una sola materia de nuestro objetivo mayor: **Éxito.**

Pasamos 16 años de nuestras vidas y $120,000 (cuatro años de licenciatura) y no tomamos ni un sólo curso de cómo ser Exitosos. ¿No crees que valdría la pena invertir $100 y dos días para asistir a un curso y aprender cómo ser **Exitoso**?

Big Al explicó: –La historia anterior es útil para motivar a un distribuidor para asistir a entrenamientos más adelantados de habilidades y desarrollo personal. También se puede ajustar para nuevos prospectos.

–Por ejemplo: Sr. Prospecto, has pasado 16 años y $120,000 para aprender cómo ser un buen empleado. ¿No invertiría $100 y dos meses para ver si usted puede ser tan exitoso como su jefe?

"Esta Es Tu Oportunidad"
Historia #3

¿Quién gana más dinero? El dueño de una compañía o el empleado que trabaja para él? El dueño, claro está.

Sr. Prospecto, ahora tiene la oportunidad de ser dueño de su propio negocio y decidir cuánto dinero puede ganar. ¿Quiere permanecer siendo empleado y dejando que su jefe decida sus ingresos, o desea comenzar su propio negocio ahora haciéndose distribuidor ya?

–La historia anterior ayuda al prospecto a tomar una decisión ya. No necesita pensarlo más tiempo ya que la opción es clara, no hay medias tintas.– agregó Big Al.

"De Oficinista"
Historia #4

Una joven madre decide conseguir un trabajo de tiempo completo para pagar las muchas cuentas que acompañan a una familia en crecimiento. Hay varios sacrificios que deberá hacer:

1. Estará fuera de casa por 8-10 horas por día. Los quehaceres y las comidas sufrirán.

2. Los niños no tendrán la ventaja de una mamá de tiempo completo en casa.

3. Ella perderá la maravillosa experiencia de ayudar a los niños en su desarrollo.

4. Habrá menos tiempo de calidad en familia, por que las tardes y noches se pasarán poniendo al día quehaceres domésticos.

Pero a cambio de estos sacrificios, ella encuentra un trabajo que le paga $3,000 al mes. Después de las deducciones, ¿cuánto gana realmente?:

$3,000 Salario

-600 Impuesto Federal

-80 Impuesto Estatal

-180 Seguro Social

-500 Mensualidad de segundo auto

-60 Seguro mensual de segundo auto

-80 Mantenimiento mensual de segundo auto

-200 Gasolina hacia y desde el trabajo

-600 Niñera

-100 Salón de belleza

-150 Necesidades crecientes de guardarropa

-80 Deducciones de seguro y regalos de oficina

-150 Comidas

$220 Restante para pago de gastos

Eso es ganar menos de $2 por hora. ¿Vale la pena pasar 22 días del mes lejos de los niños y 176 horas de trabajo, sin contar las horas de transporte?

¿No preferiría la joven madre quedarse en casa si fuese posible?

Con nuestra oportunidad, fácilmente puede ganar $220.00 desde casa en sólo unas pocas horas por semana. No sólo es más fácil, más redituable y más divertido, sino que ¡ahora puede disfrutar tiempo en familia también!

Big Al dijo: —La historia de la joven madre ayuda a las personas a apreciar el tiempo con sus familias.

"Ostras"
Historia #5

Supongamos que eres un buzo de perlas, sentado en el muelle junto al mar. Cada hora te voy a dar una cubeta con 100 ostras. Entre las 100 ostras hay cinco que tienen perla. Las otras 95 están vacías.

Como todo un profesional, tomas la primera ostra, la abres con tu cuchillo y la encuentras vacía. Entonces la acomodas de vuelta, la sujetas entre tus manos para calentarla y te quedas ahí sentado durante días, con la esperanza que se produzca una perla. ¿Es eso lo que harías?

Claro que no. Arrojarías esa ostra vacía y buscarías otra y otra hasta que encontraras la que tiene la perla.

Sin embargo la mayoría de los distribuidores tratan a sus amigos y supuestos "buenos prospectos" como ostras vacías. En lugar de ir con un buen prospecto, ellos siguen esperanzados, preguntando, invitando y suplicando con la misma gente semana tras semana. ¡Invitarán a la misma persona 17 veces a una junta de oportunidad! Nunca entienden una indirecta. Trabajan demasiado con "ostras vacías".

El secreto de patrocinar no es convencer personas, sino seleccionar personas. Puedes desgastarte a ti mismo y desmotivarte con las mismas "ostras vacías". Tu trabajo como patrocinador profesional es solamente seleccionar a través de los prospectos hasta que localices uno que desee ser distribuidor. Es diez veces más fácil localizar un prospecto que desee trabajar, que convencer a un desinteresado prospecto a trabajar.

"El Águila Y La Ostra"
Historia #6

Una vez estaban dos huevos discutiendo lo que querían ser cuando nacieran.

El primer huevo dijo: —Quiero ser una ostra cuando nazca. Una ostra sólo se sienta en el agua. No tiene decisiones que hacer. Las corrientes del océano la mueven alrededor, no tiene que hacer planes. El agua del océano que pasa, trae su comida. Lo que sea que el océano provee es lo que la ostra recibe, ni más ni menos. Ésa es vida para mi. Puede ser limitada, pero no hay decisiones, ni responsabilidades, sólo una existencia plana, controlada por el océano.

El segundo huevo dijo: —Eso no es vida para mi. Yo deseo ser un águila. Un águila es libre de ir a donde quiera y hacer lo que le plazca. Seguro, es responsable por cazar su propia comida y hacer decisiones de supervivencia, pero es libre de volar tan alto como las montañas. El águila tiene el control, no es controlada por otros. Yo no deseo que me impongan límites. Por eso yo estoy dispuesto a pagar el esfuerzo de vivir la vida de un águila.

¿Qué preferirías ser? ¿Un águila o una ostra?

La historia anterior es efectiva con prospectos y distribuidores en una mala racha, quienes son complacientes y sólo existen. Está diseñada para hacerlos incómodos con las migajas y limitaciones que otros les arrojan encima, y motivarlos para construir su propio destino.

"La Mejor Inversión"
Historia #7

¿Fumas? Si fumas cigarrillos, un paquete o más por día te costará alrededor de $70 por semana. ¿Tomas café? Dos tazas por día te costarán como $40 por semana. Y ¿cuántos distribuidores te trajeron esos cigarrillos y ese café?

¡Ninguno!

¿Por qué no invertir $110 por semana en tu negocio? Aprende nuevas habilidades, asiste a las convenciones, y consigue las herramientas que necesitas para hacer que tu negocio vuele alto.

La recompensa es gigante. Y ya estás gastando ese dinero. Sólo redirige tu dinero para conseguir un mejor retorno de tu inversión.

"Los Dos Jóvenes"
Historia #8

Hay dos jóvenes que son mejores amigos. Crecieron juntos. Asistieron juntos a la escuela. Siguieron creciendo y ambos consiguieron buenos empleos en la misma ciudad.

Un joven gana su salario regular. El otro joven gana su salario regular, pero una vez por mes recibe un cheque de $1,000 de su negocio de medio tiempo.

¿Cuál de los dos jóvenes sale adelante financieramente?

Esta historia debe por lo menos abrir una conversación. Posiblemente termines con tu prospecto platicando cómo uno de los jóvenes es un buen ahorrador. O quizá termines hablando acerca de cómo uno de los jóvenes gana un cheque extra.

La historia captura la imaginación y el interés de tu prospecto.

"Las Dos Muchachas"
Historia #9

Dos muchachas se gradúan de la preparatoria. Una de ellas va a la universidad, se gradúa con $100,000 en deudas y está desempleada. Tiene la esperanza de conseguir un empleo que le pague suficiente para vivir, nunca podrá pagar sus deudas, y si cría una familia, nunca podrá verla debido a que pasará 5 o 6 días por semana en el tráfico hacia y desde el trabajo... y se jubilará un año antes de morir.

La otra muchacha se gradúa de la preparatoria, comienza su propio negocio de redes de mercadeo, y cuando su amiga se gradúe de la universidad, ella se jubilará.

"Los hechos dicen. Las historias venden."

Campos De Fresas Para Siempre

Big Al continuó enseñando al Distribuidor José sobre diferentes historias.

–El secreto real en la comunicación es usar términos que tu prospecto pueda comprender. ¿Cuántas veces has visto a un inteligente vendedor usando terminología avanzada que suena impresionante para el prospecto? Aún que esto puede sonar impresionante, la mayoría de las veces el prospecto falla en la compra porque no comprende la presentación entera.

–Debemos recordar que si alguna parte de nuestra presentación falla en ser clara, la tendencia natural del prospecto es retrasar su decisión debido al miedo a lo desconocido.

Aquí hay algunos ejemplos de términos de redes de mercadeo que pueden confundir a los prospectos. (Las interpretaciones de los prospectos están entre paréntesis)

* **Downline** (un suceso que ocurrirá más delante)

* **PV** (una rara enfermedad como: -Ten cuidado de no contagiarte de PV)

* **BV** (una cepa más poderosa de la misma enfermedad)

* **Upline, crossline, clothesline** (suenan igual para ellos)

* **Breakaway** (dejar el negocio de redes de mercadeo y hacer algo más)

* **Sponsor** (donaciones de buena voluntad para niños hambrientos del otro lado del mundo)

* **Bonos** (el pavo y la despensa que la compañía le regala a los empleados en Navidad)

* **Distribuidor** (la parte que si se avería, el auto no enciende)

* **Mayorista** (la empacadora de carne a las orillas de la ciudad)

* **Override** (4ta velocidad en las transmisiones automáticas)

—Cualquiera de las palabras anteriores puede ser usada en las presentaciones. Sin embargo, debemos de dar explicaciones adecuadas y estar alerta de que nuestro prospecto puede interpretar algo completamente diferente. Si quieres divertirte un poco, asiste a una presentación de oportunidad y escucha el lenguaje usado por el presentador. Notarás la mirada en blanco de los nuevos prospectos en el salón. Probablemente serás el único riendo, pero al menos así verás una demostración dramática de una mala comunicación.

Y todo esto, por supuesto, nos lleva a **las fresas**.

La historia de las fresas es una excelente manera de demostrar a un nuevo distribuidor cómo funciona una red de mercadeo. Muchas veces un novato está reacio a unirse debido a que cuestiona la legitimidad o legalidad del método de distribución de redes de mercadeo. La historia de las fresas lo tranquiliza por que muestra a las redes de mercadeo como un método alternativo al sistema tradicional de distribución de productos.

Así que, José, tómate el tiempo de aprender la historia en caso de que la necesites con algún prospecto escéptico.

La Historia De Las Fresas

Digamos que queremos comprar fresas en el almacén local. ¿Cómo han llegado ahí?

Primero, las fresas fueron cosechadas en una pequeña granja en el campo y vendidas a una cooperativa local. Después, la cooperativa las vendió a un gran distribuidor nacional. El distribuidor nacional vende las fresas a agentes regionales quienes a su vez las re-venden, con una ganancia, a mayoristas locales. Los mayoristas locales venden las fresas a los grandes almacenes para las cadenas grandes de supermercados locales. Las cadenas locales luego las distribuyen a las tiendas de supermercados quienes fijan el precio subiendo otro 30-40% de ganancia para cubrir gastos tales como sueldos, rentas, publicidad, seguros, utilidades, gastos de inventario, etc.

Cada intermediario en el camino cubre sus gastos y agrega una ganancia. Así que mientras las fresas pueden costar sólo 25 centavos la pieza en el campo, el precio final en la tienda es de $1.00. Esto se conoce como el método de distribución tradicional.

Una manera alternativa es la venta directa o redes de mercadeo. Aquí están los agricultores (o fabricantes) que venden las fresas directamente a la compañía de redes de mercadeo. La compañía de redes de mercadeo vende las fresas directamente a sus distribuidores a precio de mayoreo. Los distribuidores se benefician al ser capaces de comprar sus fresas para consumo, a precio mayorista y también pueden hacer dinero extra al venderlas a clientes al menudeo.

Esto es un método más directo de distribuir productos, y al eliminar todas las ganancias de los intermediarios, la compañía de redes de mercadeo es capaz de pasar los ahorros a sus distribuidores para repartir ganancias adicionales, llamadas bonos.

Los bonos funcionan así. Si tu compras fresas en tu supermercado local y te gustan tanto que las recomiendas con tu vecino, el supermercado hará ventas adicionales debido a tu publicidad de boca a boca. La tienda, en agradecimiento por tu trabajo, ¿te enviaría un cheque por tu publicidad boca a boca al día siguiente? No es muy probable. La tienda ya ha gastado su presupuesto de publicidad en el periódico, así que ya no queda nada para ti.

Pero en una red de mercadeo, ¡todo es muy distinto!

Si te gustan las fresas que compraste al mayoreo con tu compañía de redes de mercadeo, y le contaste a tu vecino, y tu vecino se convirtió en distribuidor y compró fresas al mayoreo de tu compañía de redes de mercadeo, ¡tu recibes un bono! La compañía de redes de mercadeo te dará un bono por tu esfuerzo que resultó en mayores ventas.

Es por eso que tantas personas estamos emocionadas acerca de las redes de mercadeo. Por hacer cosas que son naturales (compartir un buen trato o un buen producto) nos pagan bonos. Las tiendas al menudeo no pueden competir, cuando las personas encuentran las tremendas ventajas de las redes de mercadeo. Después de todo, si te gustaron las fresas y le comentaste a tu vecino, ¿qué preferirías?

¿Recibir un pago por ello por parte de tu compañía de redes de mercadeo o recibir nada por parte de tu tienda local?

La opción es clara: Redes de mercadeo o venta directa es un mejor trato para todos nosotros.

Dos Preguntas Mágicas

El Distribuidor José dijo: –Esas historias son geniales, pero a veces tengo problema al comienzo. Necesito algo para romper el hielo. He intentado hablar sobre el clima y deportes, pero es una pérdida de tiempo y el prospecto lo sabe.

Además, me siento incómodo diciendo "Muy buen clima, seguro, ¿qué tal si miras ésta oportunidad de negocio?" Eso no fluye en absoluto.

Además, si hubiese una manera de romper el hielo y calificar al prospecto al mismo tiempo, podría ahorrar mucho tiempo al hablar solamente con personas interesadas y calificadas. Parece que estoy haciendo muchas presentaciones a personas quienes están totalmente desinteresadas. ¿Tienes alguna solución?

Big Al tenía las respuestas. Él era un profesional. El usaba El Sistema.

Big Al respondió: –Puedes **ahorrar mucho tiempo pre-calificando tus prospectos**. Al mismo tiempo, también puedes "romper el hielo" y entrar al negocio. Pero primero veamos las cualidades que un prospecto debe tener para ser distribuidor.

¿Inteligencia? No, tú y yo hemos patrocinado algunas personas listas y otras... bueno, no tan listas. ¿Ser buen vendedor? No, ambos conocemos algunos distribuidores exitosos que son tímidos y despistados. ¿Una actitud positiva? Ni de suerte. Hay muchos distribuidores desmotivados en el mundo.

Hay dos cualidades muy importantes que el prospecto debe tener para ser un buen distribuidor:

#1. Deseo.

–El prospecto debe tener el deseo de ganar dinero extra. Sin embargo, el error más grande que los patrocinadores amateur cometen es confundir **necesidad** con **deseo**. Son totalmente diferentes. Muchas veces, las personas que necesitan dinero extra, no tienen deseo de ganarlo.

El patrocinador amateur se concentra en los desempleados en quiebra que no desean poner el esfuerzo extra para salir adelante. Esto puede incluir personas con empleos sin salida que sólo quieren ver TV en las tardes.

Una persona desempleada puede necesitar dinero extra, pero no tener el deseo de salir a ganárselo. Puede estar satisfecho donde está. Los amateurs pierden muchas horas tratando de re-programar a los necesitados que no tienen deseo. Jugar al psicólogo puede ser bueno para el ego, pero muy malo para la billetera.

#2. Tiempo.

Todos tienen 24 horas en un día. Lo que buscamos es a alguien que **quiere** apartar tiempo para trabajar una oportunidad de negocio. Podrás encontrar personas con nada que hacer quienes insisten que no pueden apartar el tiempo. La TV, surfear en Internet, etc., son demasiado importantes como para renunciar a ello. Estos prospectos no son para nosotros.

Queremos prospectos quienes puedan comprometerse a seis o diez horas por semana para su negocio. Si alguien está realmente ocupado y dice que sólo puede apartar cuatro horas por semana, está bien también. Por lo menos ha hecho un compromiso. Además, la gente ocupada termina las tareas.

Big Al continuó: —Ahora que sabemos las cualidades requeridas en un buen distribuidor, es fácil saber si califican. Todo lo que tenemos que hacer es preguntar. Por ejemplo:

P. ¿Quieres ganar algo de dinero extra?

P. ¿Estás dispuesto a apartar seis a diez horas por semana?

—Nosotros sólo **escuchamos** sus respuestas para determinar si califican. Así de simple. Con estas dos preguntas también estamos "rompiendo el hielo" y entrando inmediatamente al negocio.

La magia no está realmente en las preguntas. La magia está en las respuestas. Pon mucha atención a lo que dice tu prospecto y **cómo** lo dice.

El Distribuidor José tomó nota para usar las dos preguntas mágicas en su próxima cita. Con esta nueva información, José sintió que estaba cerca de convertirse en un patrocinador profesional.

La Gran Recompensa

Big Al pasó una tarde entera mostrando al Distribuidor José la perspectiva completa.

–Las organizaciones de distribuidores realmente largas no están hechas de un súper estrella que personalmente reclutó 1,000 distribuidores. En cambio, consisten de un patrocinador profesional que patrocinó unos pocos buenos distribuidores y les ayudó a cada uno a tener 100-200 distribuidores dentro de sus organizaciones.

¿No se sentiría mejor una persona teniendo cinco o diez autosuficientes y bien entrenados "Generales" con organizaciones propiamente entrenadas, que tener 1,000 desmotivados y no-entrenados "Rasos" sin organizaciones?

Aquí está cómo conseguimos esas profundas, seguras y redituables organizaciones.

1. Trabajamos como equipo con nuestro patrocinado personal (que es un trabajador, no un distribuidor desmotivado) hasta que hayamos construido al menos 15 distribuidores en su grupo.

2. Ayudamos a nuestro distribuidor de primer nivel a identificar dos, tres o más buenos trabajadores con quienes pueda trabajar como equipo.

3. Debido a que nuestro distribuidor de primer nivel puede no ser capaz de trabajar con cada uno de sus trabajadores inmediatamente, ayudamos al hacer equipo con algunos de sus trabajadores. Aún que estamos haciendo equipo con nuestro segundo o tercer nivel de distribuidores, estamos aún construyendo nuestra organización al entrenar y reclutar más distribuidores.

4. El Sistema nos dará los siguientes distribuidores por trabajador:

a. 1 trabajador (nuestro distribuidor personalmente patrocinado)

b. 2 o 3 nuevos trabajadores en entrenamiento

c. 12 o 13 distribuidores desmotivados/usuarios de producto.

–Si sólo podemos entrenar y desarrollar seis o siete buenos trabajadores, desarrollaremos cientos de distribuidores en nuestra organización que duplican nuestro éxito.

1. Nos aseguramos que cada trabajador de nuestra organización entienda cómo funciona El Sistema. No pierdas tiempo empujando y ofendiendo a un distribuidor desmotivado que está felíz sólo con usar los productos. Revisaremos El Sistema con nuestros trabajadores en intervalos regulares para ayudarles a permanecer en la vía.

2. Sólo hasta después de que la organización de nuestro actual protegido está completamente entrenada, agregamos otro protegido. No nos partimos en muchas partes, y debemos terminar lo que comenzamos.

Big Al preguntó si había dudas.

José respondió: –Ninguna Big Al. Mi grupo está arriba de los 300 distribuidores, y no me estoy desviando ni un paso fuera del Sistema. Siempre hago presentaciones con alguien más. Y con la información que he recibido, estoy comenzando a convertirme en un patrocinador profesional como tú.

Cierra Antes De Comenzar

Big Al y el Distribuidor José estaban revisando el trabajo de la semana pasada.

El Distribuidor José preguntó: –Big Al, en los inicios de mi entrenamiento, dijiste cómo los prospectos toman su decisión **antes** de que comience mi presentación. ¿Hay alguna manera de manejar y controlar estos importantes segundos antes de que la presentación comience?

–Tienes razón– Big Al contestó. –La mayoría de nuestra efectividad viene con lo que decimos antes de comenzar nuestra presentación.

Si no preparamos a nuestro prospecto adecuadamente, nuestro prospecto estará buscando razones para **no** afiliarse. Los prospectos preparan excusas para usar en contra de vendedores que los presionan.

Si tu prospecto está a la defensiva y busca razones para no afiliarse, tu prospecto no está escuchando todas las cosas buenas que nuestro negocio ofrece. Es por esto que los vendedores la pasan duro tratando de comunicarse con sus prospectos.

Déjame darte un ejemplo de sólo una solución para este problema universal de las ventas.

Simplemente pones tranquilo a tu prospecto, diciendo ésto:

1. La mayoría de las personas compra tu producto.

2. El costo total de tu producto.

3. "Razones" por las que no debería comprar.

4. Que sólo presentarás los datos y después depende de él.

–El secreto es decir a tu prospecto estas cuatro cosas **ANTES** de que hagas tu presentación.

Aquí hay dos ejemplos de la técnica anterior:

1. Sr. Prospecto, la mayoría de las personas con las que hablo se afilia con nuestra Compañía Acme por que ven cómo les puede ayudar en sus ingresos. Después de todo, el costo total de comenzar con nuestro programa es de sólo $49.00. Eso es menos que el costo de un buen anuncio en el periódico. De hecho, las únicas dos razones por las cuales la gente no se une son: que no comprenden nuestro programa; o que su situación es tan difícil, que no pueden costear los $49.00 de inmediato. Lo que haré será presentarle los datos básicos de nuestra oportunidad y si le gusta, bien, podemos comenzar. Si no le gusta, bien, también está bien. ¿Suena justo?

2. Sr. Prospecto, la mayoría de las personas disfruta de nuestro fabuloso Producto Acme. Siempre le están diciendo a sus amigos acerca de él. Después de todo, sólo cuesta $30.00 y eso es sólo $1.00 por día, menos que una taza de café barato, si se pone a pensarlo. Usted sabe, las únicas razones por las que la gente no compra el fabuloso Producto Acme, es que no pueden creer lo bien que

funciona, o no pueden pagar los $30.00. De todas maneras, déjeme mostrarle cómo funciona y si le gusta, bien, compre uno para sorprender a su esposa. Si no le gusta, está bien también. ¿Suena justo?

–Al usar esta simple técnica de cuatro pasos **ANTES** de tu presentación, tu índice de cierres se incrementará dramáticamente. Aquí está por qué esta técnica funciona tan bien con tu prospecto.

1. Le haz dicho a tu prospecto que la mayoría de las personas compra tu producto u oportunidad. Tu prospecto no quiere ser el primero en probarla. Quiere saber si otros han tomado la decisión de comprar. Como la mayoría de las personas compra tu producto, la tendencia natural del prospecto es querer unirse a la mayoría.

2. Le haz dicho a tu prospecto el costo total de tu producto, a diferencia de la mayoría de los vendedores que ha encontrado. Ellos usualmente esconden el precio y lo sacan al final de su presentación. El prospecto se preocupa durante toda la presentación cuando el precio no se ha revelado y qué costo tendrá. Al revelar el precio primero, su mente está clara para escuchar de las cualidades y beneficios de tus productos.

3. Construyes confianza y creencia en tu prospecto al decirle el costo total en el comienzo. Te mira como un empresario honesto, no como un empresario que se guarda información y trata de engañarlos. Incluso si tu precio es "alto" o "sorprendente", va a desear escuchar sobre tu producto para saber por qué es tan bueno, que tiene ese precio.

4. Esta técnica te da un acercamiento más directo, sin presión, tipo "No me importa", contra la presión excesiva,

tipo "Tienes que comprarlo". Las defensas del prospecto bajarán cuando vea que no estás atacando su yugular. Cuando se maneja adecuadamente, este acercamiento de bajo perfil, motiva a tu prospecto a querer calificar para tu producto. Comienza a venderse a sí mismo.

5. Al dar a tu prospecto razones para no afiliarse, has quitado la presión de encima. No tiene que pelear contigo sobre el por qué no debería comprar, por que sabe que aceptarás esas razones. Al remover ese miedo, tu prospecto puede ahora escuchar y concentrarse en las cualidades y beneficios de tu presentación.

6. Si las planeas adecuadamente, las "razones" para no comprar realmente fuerzan al prospecto a comprar. En los dos ejemplos previos hemos dicho sutilmente a nuestros prospectos "Todos compran a menos que no entiendan o sean pobres". Esto también te sirve para aislar objeciones al terminar tu presentación. Tu prospecto, o necesita más información o no tiene el dinero.

7. Al decir a nuestros prospectos que está bien si compra o no, una vez más estás liberando la presión de la venta que él se puso sobre sí mismo de manera automática. Sin embargo, al estar de acuerdo con: –¿Suena justo?– se está comprometiendo a tomar una decisión AHORA. Esto ayuda a prevenir la objeción de "necesito pensarlo más tiempo" cuando se usa apropiadamente.

El Cierre Es Fácil Cuando Haces Esto

Big Al continuó ayudando al Distribuidor José cada semana con sus habilidades de cierre. Big Al mostró qué tan poco trabajo tomó conseguir una decisión.

–Cuando dices que **hay dos tipos de personas en el mundo**, tu prospecto inmediatamente olvida todo su drama y escepticismo, y espera ansioso para ver cuáles son los dos tipos de personas en el mundo y qué tipo es él.

Las personas son curiosas. No quieren continuar con su vida a menos que sepan acerca de estos dos tipos de personas. Usa esa curiosidad para capturar su atención.

Pero se pone aún mejor. Cuando dices que **hay dos tipos de personas en el mundo**, tu prospecto hará una decisión en su mente acerca del grupo al que pertenece. Esto ayuda en el cierre.

Big Al siguió dando al Distribuidor José algunos ejemplos.

1. Hay dos tipos de personas en el mundo, aquellos que tienen mente abierta y buscan oportunidades, y aquellos que se han rendido en la vida. (Es una buena manera de manejar prospectos duros que se resisten.)

2. Hay dos tipos de personas en el mundo, quienes se resignan a una vida de tráfico rumbo a su empleo, y quienes adoran trabajar desde su casa.

3. Hay dos tipos de personas en el mundo, aquellos que les encantaría ser su propio jefe y controlar su horario, y aquellos que están de acuerdo con tener dos semanas de vacaciones cada año.

4. Hay dos tipos de estudiantes universitarios en el mundo, aquellos que quieren iniciar su negocio de medio tiempo para poder ser su propio jefe, y aquellos que se resignan a trabajar duro por 45 años para alguien más.

5. Hay dos tipos de oficinistas en el mundo, quienes trabajan duro para que su jefe tenga una casa enorme cuando se jubile, y quienes se jubilan antes de tiempo y se dan la vida de sus sueños.

6. Hay dos tipos de personas en el mundo, los que están de acuerdo con trabajar cinco o seis días por semana en un empleo, y los que prefieren tomar fines de semana de cinco días todas las semanas.

7. Hay dos tipos de personas en el mundo, quienes pueden viajar y conocer el mundo, y quienes sólo ven el mundo en el canal de aventura de su televisión.

Big Al continuó: –Sólo unas pocas palabras tales como "Hay dos tipos de personas en el mundo" pueden ayudar a tu prospecto a tomar una decisión instantánea de tomar ventaja del negocio que ofreces.

–Y, puedes usar las mismas palabras para productos y servicios. Aquí hay algunos ejemplos.

1. Hay dos tipos de personas en el mundo, quienes usan nuestra crema de noche y rejuvenecen su piel mientras duermen, y quienes se arrugan un poco más cada noche.

2. Hay dos tipos de personas en el mundo, aquellos que despiertan cada mañana y se sienten como millonarios, y aquellos que se arrastran fuera de la cama con achaques y dolores y se sienten más viejos de lo que son.

3. Hay dos tipos de abuelas en el mundo, las que temen la visita de sus nietos "demoledores", y las que tienen tanta energía que sus nietos se quejan: –Abuela, más despacio. ¡No podemos seguir tu paso!

4. Hay dos tipos de personas en el mundo, las que les encanta viajar y conocer el mundo, y las que se tienen que quedar en casa a leer sobre eso.

5. Hay dos tipos de personas en el mundo, los que tienen que conducir para conseguir un café carísimo, y los que ahorran dinero por que tienen café gourmet a la mano, cada vez que quieren.

6. Hay dos tipos de personas que hacen dietas en el mundo, los que se matan de hambre, comen comidas raras, se ejercitan y ven su peso regresar... y los que pierden peso fácilmente sólo cambiando lo que comen en el desayuno.

Big Al continuó: –José, aprenderás técnicas más poderosas de cierre mientras crezcas, pero por ahora, recuerda ésto. Sólo unas pocas palabras antes de comenzar, harán que el cierre con tu prospecto sea más fácil.

Cómo Hacer Presentaciones No Exitosas

El Distribuidor José preguntó a Big Al: –Las presentaciones dos-en-uno son muy fáciles. Pero, ¿cuál es la mejor manera de hacer una presentación completa? Por ejemplo, puede que tenga que hacer una junta de oportunidad para un grupo de personas. Yo se que la junta debe durar 20 o 30 minutos como mínimo. ¿Qué debo de decir? ¿Sobre qué debo de hablar más?

–No es suficiente el sólo memorizar una presentación.– dijo Big Al. –Debes de entender los principios y la psicología detrás de una gran presentación.

En función de hacer eso, observemos una presentación impartida por alguien más. Obviamente, no podemos sentarnos todos en una presentación dos-en-uno, así que asistamos a una junta de oportunidad impartida por un líder de otra compañía. Queremos ver a alguien que tiene confianza, puede hablar frente a un grupo, ha alcanzado algún grado de éxito, y se consideraría generalmente dentro del 5%.

Ese lunes por la noche, Big Al y el Distribuidor José asistieron a una junta de oportunidad de los "Productos Maravilla". Ambos tomaron asiento en la última fila, así podrían tomar notas del orador y la reacción del público.

Ellos eligieron esta junta por que tenía una reputación de ser emocionante y la mejor en la ciudad. Con sus libretas en

65

mano, pacientemente esperaron hasta que la presentación comenzó 35 minutos tarde, para esperar a los que llegaban retrasados. Big Al mencionó que comenzar tarde es castigar a los distribuidores que llegan a tiempo y recompensar a quienes llegan tarde. Finalmente la junta comenzó.

El orador de apertura se presentó e inmediatamente comenzó a hablar a la audiencia acerca de lo genial que él era. Mencionó que él estaba dentro de la cumbre del 5% de las personas por que pensaba como ganador. Obviamente, las personas de la audiencia eran unos perdedores por que no eran distribuidores para esta compañía tan fabulosa, y el presentador dijo a la audiencia que necesitaban un cambio en la manera de pensar.

Después de 20 minutos de explicar por qué la audiencia no era más que una manada de borregos dirigiéndose a una carnicería financiera, el presentador finalmente se las arregló para mencionar el nombre de la compañía y comenzó a hablar de los fabulosos fundadores.

Uno de los fundadores creció en una cabaña de troncos y sufrió derrota tras derrota. Sólo a través de un esfuerzo sobrehumano fue capaz de superar todas estas dificultades y desarrollar su propia filosofía de vida. Esta filosofía era convertirse en la columna vertebral de la compañía, y el único propósito de la compañía era compartir sus fabulosos conocimientos con otros. La compañía no hacía negocios para obtener ganancias, sino para cambiar la mentalidad del género humano.

Los ancestros del otro fundador de la compañía fueron revelados con explícito detalle durante 10 minutos, y después, su larga lista de logros académicos fue leída totalmente. Sus numerosos viajes a tumbas antiguas y culturas, su conocimiento sobre antiguos manuscritos y sus elaboradas técnicas de laboratorio fueron descritas a detalle. Una mujer en la multitud se levantó y vitoreó con lágrimas en los ojos, explicando cómo los productos cambiaron su vida. Por lo menos despertó a la audiencia.

Después de otros 15 minutos de homenaje a los fundadores, el orador invitó a los distribuidores presentes a pasar al frente del salón para explicar los productos y compartir sus experiencias.

El primer distribuidor dijo que no había sido distribuidor el suficiente tiempo como para conocer todos los productos, pero conocía a alguien que había tomado uno y se recuperó del cáncer, demencia senil y arterias bloqueadas en una semana, solamente tomando 42 tabletas por día.

El próximo distribuidor relató cómo se pueden hacer millones en unas pocas semanas con este concepto genial de pirámide. De hecho, no hace falta usar o gustar de los productos. Todo lo que hay que hacer es meter a otras personas y te harás rico. Algunos miembros de la audiencia aplaudieron fuertemente mientras gritaban: –¡Sí se puede!

El siguiente distribuidor dijo que no le gustaba el sabor del producto, pero sentía que había ayudado a tantas personas que no sería problema para nadie en el negocio. Alrededor de esa hora, algunos de los invitados miraron sus relojes y cuidadosamente se escabulleron por la puerta trasera.

El siguiente distribuidor relató su experiencia personal. Estaba ciego, sordo, paralítico y desahuciado hasta que tomó el Fabuloso Súper Jugo. En dos semanas estaba completamente curado y había calificado para el maratón

Olímpico. Dos hombres de negocios en la audiencia levantaron la mirada y observaron a su patrocinador potencial, pensando: –¡¿Pero qué es ésto?!– el distribuidor procedió entonces a pedir a la audiencia cantar el himno curativo de la "Compañía Maravilla".

Finalmente, el próximo presentador se levantó y anunció que iba a hablar del plan de compensación. Después de 90 minutos de información muy cuestionable, la audiencia se sintió aliviada al ver que la presentación finalmente se acercaba a su final. No obstante, varias personas se retiraron debido a otros compromisos o problemas con el horario de la niñera. El plan de mercadeo de la "Compañía Maravilla" fue revelado al grupo restante:

Primero, una persona se convierte en consejero calificado en nivel de capitán. Después de acumular "puntos maravilla" la persona podría recibir 4% del 6% del bono de entrenamiento de sus distribuidores no-consejeros que no califiquen en cada mes non del calendario.

Cuando una persona alcanza un total de 60% de PV de su grupo personal de GV, sin contar los puntos bonificables de producto, entonces podría moverse al nivel de 70% de ganancias de red en ventas de una sola ocasión. Los puntos de convención "luna azul" fueron completamente diferentes, sin embargo. En ese caso, una persona entraría al programa como un distribuidor no calificado y calificaría a través del "plan general de supervisión directa". Finalmente, esta decisión tenía que ser tomada inmediatamente, ya que el mes en curso terminaría mañana.

Después de 30 minutos de una detallada explicación de los puntos finos del plan de mercadeo, el presentador invitó a otra persona al frente del salón para contar su historia personal.

Diez minutos más tarde, el presentador estaba tan confundido que comenzó a caer en pánico y dijo: –¿Hay alguna pregunta?

Una vez que abrió la junta a las preguntas, pregunta tras pregunta vinieron de la audiencia hasta dar las 11:15pm cuando el presentador finalmente dijo: –Está bien, vamos dejando ésta junta como terminada ya que varias personas tienen trabajos mañana.

Las restantes cinco personas en la audiencia asintieron de acuerdo, se apresuraron a sus autos y aceleraron a casa.

La Respuesta Para Las Presentaciones No Exitosas

Big Al y el Distribuidor José fueron a una cafetería a discutir la junta de oportunidad de tres horas a la que acababan de asistir.

-¡Absolutamente sorprendente!– comentó el Distribuidor José, –Nunca he visto una excusa más desorganizada y poco profesional para una presentación de negocio. No sabía si reír o llorar. Las personas más inteligentes de la reunión fueron los invitados. Por lo menos ellos tuvieron el sentido común de salir a media presentación. Puedo ver por qué realmente no hay competencia en las redes de mercadeo. Cualquiera que se tome sólo un poco de tiempo en aprender los básicos, puede dejar a la mayoría millas atrás.

Big Al asintió en acuerdo y dijo: –José, me has visto dar muchas presentaciones y has dado bastantes por tu cuenta con tu grupo. Has estado copiando mi presentación básica, pero ahora es tiempo de aprender por qué hemos estructurado nuestra presentación del modo en que lo hicimos.

Como ya sabes, la decisión final del prospecto usualmente ocurre mucho antes de la presentación. Pero eso no es excusa para una miserable presentación con nuestros prospectos.

Una presentación completa con todos los datos, tal como la que harías en una junta de oportunidad en un hotel, debería sólo durar 25-30 minutos. Debemos ir directo al grano de la información que el prospecto quiere saber. Te habrás dado cuenta de que nuestra presentación tiene cinco secciones clave. Cada sección está diseñada para responder una de las cinco preguntas clave que todo nuevo prospecto tiene en orden de hacer una decisión de asociarse. Revisemos dichas secciones para que puedas comprender la ciencia de las presentaciones profesionales de negocios de redes de mercadeo.

Y en este ejemplo, vamos a asumir que nuestro prospecto nunca ha escuchado de redes de mercadeo, así que tenemos que explicar todo, incluso los básicos.

SECCION 1: LA INDUSTRIA

Nuestros prospectos querrán saber en qué tipo de industria estamos. Ellos pueden tener una particular aversión a ciertas industrias como la industria de seguros o bienes raíces. Podemos responder esta primera pregunta en sus mentes muy fácilmente. Simplemente les decimos que estamos en redes de mercadeo. Hay dos tipos de prospectos, los que entienden lo que son las redes de mercadeo y los que no.

Para aquellos familiarizados con las redes de mercadeo, acabamos de responder su pregunta y podemos pasar a la Sección Dos. Para aquellos que no entienden lo que es una red de mercadeo, simplemente les contamos la Historia de las Fresas. Esta historia legitimiza el concepto de las redes de mercadeo y hace que se sientan cómodos con esta alternativa de mover productos y servicios al público.

Ciertamente, queremos que nuestros prospectos se sientan relajados, ¿no es así?

La Sección 1 de nuestra presentación debe durar sólo tres o cuatro minutos como mucho.

SECCION 2: LA COMPAÑÍA

Nuestro prospecto no está interesado en una auditoría financiera completa o el número de metros cuadrados en el sanitario ejecutivo , ni los ancestros maternos del fundador, ni las credenciales del supervisor de control de calidad o la calidad del papel usado en la sala de envíos y recepciones. Su deseo real es saber el nombre de la compañía, si su gerencia tiene algo de experiencia, y si la compañía está creciendo y tienen buenos planes a futuro. En otras palabras, ¿son buena gente o mala gente?

Demasiadas presentaciones se dejan llevar con muchas estadísticas de credibilidad que pueden ser ahorradas con entrenamiento. En este punto de la carrera de nuestro prospecto, sólo quiere saber unos cuantos datos, no la historia entera de la compañía. Sus preguntas sobre la compañía pueden ser usualmente resueltas en alrededor de un minuto.

SECCION 3: LOS PRODUCTOS

Frecuentemente el nuevo distribuidor emocionado dice al nuevo prospecto lo que le emociona como nuevo distribuidor, y no lo que el prospecto quiere y necesita escuchar. Cuando un nuevo distribuidor se inicia, está usualmente totalmente convencido de sus productos. En su emoción, siente que el nuevo prospecto debe de escuchar sobre todos los testimonios, todos los reportes de datos, todos los beneficios de todos los productos que la compañía maneja. Este proceso puede tomar muchas horas y usualmente pone a dormir al prospecto si es que no encuentra la energía para salir de ahí.

Lo que el prospecto de verdad quiere saber es: –¿Hay mercado para los productos? ¿Se venden?–. Nuestra presentación de producto entera debe de centrarse no en el precio, calidad ni reportes de pruebas del producto, sino en cómo las personas los están usando y disfrutando ahora mismo. Debemos responder la pregunta del prospecto. Seguro, los otros factores son importantes, pero seamos profesionales y respondamos la pregunta que va a ayudar a nuestro prospecto a decidir si ésta oportunidad de negocio es para él.

Nuestra presentación de producto debe de tomar de cinco a ocho minutos. Sólo estamos dando una vista general de los productos individuales o líneas de productos, no un taller completo de entrenamiento de producto.

SECCION 4: ENTRENAMIENTO

Esta es la diferencia entre las presentaciones profesionales y esos patéticos intentos amateur de presentar una oportunidad de negocio. ¿Alguna vez te has preguntado por qué sucede el siguiente escenario?

Un nuevo distribuidor se sienta por una hora para una junta. Al terminar la junta, voltea con su posible patrocinador y dice: –Amigo, esos productos están geniales, y ese plan de mercadeo se ve como un camino directo a la seguridad financiera. ¡La cantidad de dinero para hacer en este negocio es fenomenal! Por cierto, no me asociaré.

¿Por qué pasa ésto? Simple.

La persona dando la presentación olvidó responder la pregunta más importante de toda la junta "¿PUEDO HACERLO?"

Nuestro nuevo prospecto seguramente querrá todos los beneficios ofrecidos por el programa, pero nunca ha estado en redes de mercadeo antes, o había estado previamente sin éxito. Entonces debemos responder esta pregunta, "¿Puedo hacerlo?" si queremos patrocinarlo en nuestro programa. Hacemos esto explicando nuestro programa de entrenamiento.

Nuestro programa de entrenamiento consiste en literatura, libros, CDs, etc., disponibles por la compañía. También disponible están las varias juntas de entrenamiento locales en su área. Lo entusiasmamos fuertemente a que asista para **comenzar** a aprender el proceso, pero ésta es sólo la primera parte de nuestro entrenamiento.

Parte Dos es entrenamiento "En El Trabajo". Le pedimos que sólo haga unas cuantas citas y observe mientras nosotros patrocinamos nuevos distribuidores en su organización. Estamos construyendo su grupo, ¡mientras él mira! ¿Qué puede ser más fácil que eso?

Nuestro nuevo prospecto ahora se siente más tranquilo al saber que puede asistir a sesiones de entrenamiento y observar a su patrocinador construir su organización. Nuestro nuevo prospecto ahora se dará cuenta que es un negocio que él puede realizar. Con ésta certeza, nuestro prospecto está listo para entrar a nuestro programa incluso antes de que escuche sobre el dinero.

La mayoría de los distribuidores toman una decisión emocionada de asociarse durante estos cinco minutos vitales de explicación que todas las partes de la presentación combinadas.

SECCION 5: PLAN DE MERCADEO

Los últimos cinco o diez minutos de nuestra presentación deben dedicarse a explicar cómo trabaja nuestro programa de compensación. Nuestro prospecto tendrá tres preguntas concernientes a esta área:

¿Cuánto me costará?

¿Qué tengo que hacer?

¿Cuánto dinero puedo ganar?

El responder "¿Cuánto me costará?" de inmediato, pondrá a nuestros prospectos relajados. La mayoría de los vendedores espera al final para sorprender con el precio al prospecto. Nosotros haremos todo lo opuesto. No queremos que nuestro prospecto piense durante toda nuestra presentación "¿Cuánto me costará?"

"¿Qué tengo que hacer?" ya ha sido respondido en la sección del entrenamiento, sólo ¡acordar algunas presentaciones y mirar cómo construimos tu grupo!

"¿Cuánto puedo ganar?" es fácil, sólo tenemos que dar una vista general de nuestro plan de mercadeo y quizá proveer algunos ejemplos de lo que otros han hecho en el negocio.

Big Al continuó: –Eso es todo lo que hay para una genial presentación profesional. No hay misterios. Si sólo respondemos las cinco preguntas básicas de nuestro prospecto, patrocinaremos con facilidad. Y la mejor parte es que usualmente toma ¡menos de 25 o 30 minutos!

Y no te preocupes por el cierre. Cuando terminemos, todo lo que tenemos que hacer es preguntar si es algo para ellos o no. Hay muy pocas razones para pensarlo más. Todas las preguntas han sido respondidas. No hay necesidad de presión.

Así que José, por ahora, esta es una buena plantilla para seguir. Después, cuando tengamos tiempo, te ayudaré a mejorar en esta plantilla básica. Mientras tus habilidades mejoran, aprenderás cómo hacer una "Presentación De Un Minuto" y una "Historia De Presentación De Dos Minutos" que irá directo a la parte del cerebro del prospecto que toma las decisiones. Pero por ahora, estás de hecho en el 1% en habilidades, así que perfeccionemos lo que ya tenemos aprendido.

El Distribuidor José tomó notas cuidadosamente y planeó asistir a más juntas de otras empresas de redes de mercadeo la semana siguiente. Era diversión barata y José siempre disfrutaba de una buena carcajada.

¡Necesito Más Volumen!

–Amo este negocio– dijo el Distribuidor José, –¡Pero necesito más volumen en mi grupo para poder ganar bonos más grandes! ¿Qué puedo hacer?

Big Al sonrió. –Todo distribuidor en redes de mercadeo ha tenido la misma pregunta en algún punto en su carrera. Déjame mostrarte la manera incorrecta y luego, la correcta de conseguir más volumen.

El Distribuidor José tomó su libreta. La lección estaba a punto de comenzar.

Opción #1: Entrenar a la base de distribuidores actual a incrementar el volumen.

Esta será la opción más popular que intentarán los distribuidores de redes de mercadeo. Los distribuidores piensan que pueden enseñar a cada distribuidor en su grupo a comprar y vender más productos. El líder del grupo piensa:

1. Si cada distribuidor amara los productos tanto como yo, sería fácil aumentar el volumen. Todo lo que tengo que hacer es enseñar los 44 diferentes modos en lo que pueden usar más productos.

2. Si cada distribuidor supiera tanto de ventas como yo, entonces por supuesto que podrían vender más productos a sus amigos.

3. Si mi entrenamiento pudiera motivar todos esos distribuidores no motivados que he acumulado en mi carrera, piensa en el tremendo ingreso potencial sobre el volumen de mi grupo. Lo único que me detendría sería la inspiración de mis distribuidores.

Así que decidimos implementar este proceso de tres pasos con nuestro grupo. Ésto es lo que pasa.

Introducimos un programa de entrenamientos de producto por tres noches de jueves consecutivas. Por lo menos tanto tiempo es necesario para aprender los ingredientes, reportes de pruebas, testimonios y la literatura de la compañía. Tenemos tarea, pruebas semanales y demostraciones. Los que asisten son nuestro grupo base de distribuidores quienes siempre asisten a todas las juntas, la mayoría de las veces sin invitados nuevos o patrocinados, pero aprecian los nuevos conocimientos dentro de la línea de productos. De hecho, quedan tan impresionados con nuestro entrenamiento que insisten en que nos movamos inmediatamente al entrenamiento de ventas que prometimos.

Nuestro entrenamiento de ventas está agendado para los sábados desde las 9am hasta las 2pm. Durante cuatro semanas seguidas. Queremos construir habilidades sólidas de cierre, cómo manejar objeciones, fórmulas AIDA, datos, beneficios, cualidades, etc. Incorporamos juegos de roles, concursos de ventas, memorizamos la presentación de la línea de productos, etc. Nuestro grupo nuevamente entrenado es tan bueno que no puedes decirles "Hola" sin que te apliquen un cierre de prueba.

Ahora nuestro grupo está listo para un taller a todo galope sobre el patrocinio. ¿No sería bueno usar todas estas nuevas habilidades de ventas con algunos distribuidores potenciales? Las noches de lunes agendamos una clase de patrocinio, de las 7pm. A las 10pm. Durante las próximas cinco semanas. Cubriremos prospección, cierres, aperturas, pasos de interés, publicidad, correo directo, arranques de nuevos distribuidores. Después de todo, ¿qué mejor patrocinador puede tener un nuevo distribuidor que un profesional maduro y bien entrenado en el negocio?

Después de nuestro entrenamiento de reclutamiento, notamos que nuestros graduados no están produciendo nuevos distribuidores de manera regular. Parece que han pasado todo su tiempo en talleres de entrenamiento. Parece que están marcando un pobre ejemplo personal y podrían usar un poco de entrenamiento de liderazgo. Contratamos un consultor que cobra $375 por persona, para ponerlos en un intenso seminario de dos fines de semana para enseñarles principios que hacen grandes líderes. Los ejercicios de equipo con cuerdas en el bosque son particularmente entretenidos. Después de todo, ¿cómo van a construir una gran organización si son incapaces de liderar?

Cuando finalmente, nos golpea.

Hemos desarrollado una base madura de distribuidores de mucho tiempo, quienes saben todo sobre el producto, pueden dar presentaciones creíbles a nuevos prospectos, tienen habilidades de venta excelentes, y saben cómo ser un buen líder, pero no están motivados a hacer nada.

Con este hecho mirándonos de frente, vemos con certeza que todos nuestros entrenamientos previos han servido para nada, desperdiciados totalmente. Todas las habilidades del mundo son nada si nuestros distribuidores no están motivados a salir, superar sus miedos y hacer algo. Lo que tenemos es un grupo de estudiantes profesionales, siempre asistiendo a clases y entrenamientos para no tener que salir al mundo real y hacer el trabajo.

¿Y por qué deberían? En todas las clases de entrenamientos, nunca reciben rechazos y están rodeados de personas positivas. Es mucho más divertido.

Tenemos una base de viejos distribuidores cansados y maduros, asistentes profesionales de juntas que disfrutan la camaradería y el ambiente social que nuestro negocio ofrece. Están tan asustados del rechazo en su camino al éxito que constantemente asisten a seminarios, talleres, clases, etc., para mantenerse ocupados, para no tener que enfrentar el mundo real con sus objeciones y rechazos.

¿Cuál es nuestra solución? Olvidemos y tiremos lejos todo nuestro entrenamiento, y en su lugar, tengamos un entrenamiento de motivación realmente bueno.

Si podemos motivar a nuestra gente, los resultados seguirán. Hemos visto muchos nuevos distribuidores sin habilidades de ventas, patrocinio o producto, salir y construir grandes negocios por que estaban motivados a hacerlo. Nuestro leal grupo de fans carece de motivación para superar sus miedos.

Por lo tanto no hacen nada. Disfrutan de ir a tantas reuniones que no hay tiempo de sobra para salir y usar la información y habilidades aprendidas.

Básicamente los estamos entrenando hasta la muerte.

Si la motivación es nuestra solución, saldremos a conseguir al mejor orador motivacional que podamos encontrar y agendaremos con él o ella para un seminario de todo el domingo para de verdad electrizar a nuestras tropas, para que se den cuenta del potencial, que crean en sí mismos, ¡para salir y hacerlo!

El gran día llega y las únicas personas son nuestro grupo base de fans sobre-entrenados. Sin embargo esta vez las cosas son diferentes. Nuestro grupo está de pie en sillas, gritando eslogans de éxito, haciendo nuevos compromisos, fijando metas, levantando su espíritu y de verdad llenándose de motivación. Se están dando palmadas en la espalda unos a otros diciendo lo genial que se sienten, lo geniales que son todos los demás, y creyendo con convicción que ahora de verdad van a la cima. Nuestros anteriormente cansados y maduros fans, ahora están orientados a sus metas, trabajadores motivados que no pueden esperar para salir y hacer el trabajo.

El sábado por la noche van a casa y re-definen sus metas. Pasan la voz con sus familia de que finalmente pueden esperar grandes cosas del negocio.

El domingo, siendo día de descanso, nuestros distribuidores recién motivados hacen buen uso del tiempo, trazando un plan de acción y escuchando de nuevo un buen audio motivacional.

El lunes es día de trabajo, pero nuestro distribuidor motivado llega a casa y el primer reto es a quién abordar primero. Después de revisar su lista de prospectos, determina que Pedro y Juan podrían ser buenos primeros objetivos. Pedro le recuerda que ha sido invitado por lo menos 15 veces a una junta de oportunidad y que es en serio que no está interesado.

Inalterado, nuestro distribuidor salta arriba y abajo y grita: –¡Me siento genial!– Y como medida extra, salta de una o dos sillas. ¿Por qué dejar que Pedro arruine nuestra motivación?

La siguiente llamada es para Juan, quien dice que no se puede reunir esa noche por que el partido de fútbol de los lunes por la noche está por comenzar en 30 minutos. Nuestro distribuidor motivado toma la indirecta y decide mirar el juego también, ya que lo había olvidado por completo con toda esa emoción de fijar tantas metas.

La noche del martes trae los mismos resultados. Una o dos llamadas telefónicas a los mismos viejos prospectos confirma las sospechas de que nadie está realmente interesado en el negocio.

La noche del miércoles es para ir al templo y el jueves, todos están haciendo planes para el fin de semana.

Los fines de semana no son tiempo para patrocinar definitivamente, ya que las personas están pasando el tiempo con su familia y disfrutando sus dos días libres del trabajo.

Opción #1: Entrenar a la base actual de distribuidores para incrementar el volumen no está funcionando.

¿Así que cuál es la verdadera solución para obtener más volumen?

¡Si Quieres Más Leche, Debes Conseguir Más Vacas!

No puedes sacar más leche de la misma vaca exprimiendo más fuerte.

La solución real para conseguir más leche es tener más vacas.

Exprimir unos pocos dólares extra de tus distribuidores actuales nunca te hará conseguir ese incremento de volumen que estás buscando.

Puedes conseguir diez veces los resultados al usar tus esfuerzos para localizar nuevos distribuidores en vez de exprimir unas pocas gotas más de tu grupo existente.

Así que, ¿por qué los líderes no pasan este valioso tiempo buscando nuevos distribuidores?

Miedo al rechazo.

Es fácil pasar tiempo enseñando a tu grupo existente y recibiendo cumplidos que eres tan listo y maravilloso. Desafortunadamente, esto no hará que tu negocio crezca rápido. Muchas veces sólo te da un sentimiento de calidez y provee entretenimiento para tus distribuidores. Si estás en el negocio por un sentimiento lindo y cálido, estaría bien, pero si estás en el negocio buscando una ganancia y un incremento en el volumen, este entrenamiento continuo es una cruel broma para ambos, tus distribuidores y tu.

Patrocinar nuevos distribuidores no es tan seguro o fácil. Algunas veces estás inseguro o te arriesgas al rechazo cuando los prospectos dicen "No". Muchas veces sientes que te sentirías más felíz si sólo pudieses regresar al cobijo del ambiente de tu grupo existente.

Es fácil estar de acuerdo en que patrocinar nuevos distribuidores es mejor, pero más difícil de implementar. Por supuesto, deberíamos dejar de visitar y socializar con nuestro grupo existente de distribuidores. Seguro, deberíamos salir a conseguir nuevos distribuidores. Más vacas significan más leche.

Sin embargo, hay varias cosas que pueden ponernos incómodos. No hay prospectos, miedos, no hay credibilidad con extraños, poca experiencia de ventas, falta de un plan de éxito.

La solución es usar la presentación "Dos En Uno". El distribuidor contacta a un amigo o conocido, y nosotros simplemente hacemos la presentación. No sufrimos la falta de confianza al recibir el rechazo, así que estamos en un buen estado mental para hacer la presentación. Todo lo que nuestro distribuidor tiene que hacer es acordar la cita, sentarse y observar. Éste es el poder del Sistema, que supera los miedos y problemas del reclutamiento en frío, también conocido como "Uno A Uno".

Otro importante factor en conseguir nuevos patrocinios es que los nuevos patrocinios tienen entusiasmo. Es muy difícil hacer que los viejos profesionales se emocionen y se entusiasmen. Ellos han estado en el camino y lo han visto todo. Ellos ya se han aproximado a todos sus amigos con su emoción inicial y normalmente estarán sentados en un patrón estancado de mediocridad.

¿Cuántas veces hemos visto a un nuevo distribuidor sin habilidades, superar a un viejo profesional sólo con su entusiasmo y emoción? ¿Quieres poner nueva vida en tu grupo? Consigue nuevos distribuidores. Ellos incrementarán la actividad del grupo entero y la emoción.

Los grupos crecen más rápido por chispazos o por campañas. Tienes que arrancar el momentum, pero una vez arrancado, el grupo crecerá geométricamente. Todos hemos visto un grupo explotar en tamaño cuando todos están emocionados y con confianza. Y la confianza sigue creciendo mientras las personas traen más personas nuevas, metiendo combustible al grupo.

El secreto es comenzar este fuego o campaña de patrocinio al comprometerte a ti mismo a numerosas presentaciones "Dos En Uno". Tu meta es poner el ejemplo para encender esta explosión de patrocinios.

Para resumir, no gastes tu tiempo sobre-entrenando y sobre-socializando con tus distribuidores. La única ruta para construir un mayor volumen es conseguir más distribuidores, no exprimir más duro a tus distribuidores actuales.

¡Para conseguir más leche, consigue más vacas!

Algo A Cambio De Nada

Big Al le enseñó al Distribuidor José muchas lecciones. Para José, esta lección particular le ayudó a manejar prospectos desmotivados.

"La Lección de Algo A Cambio De Nada."

¿Qué tal si entramos un día a nuestro banco local y le hacemos la propuesta siguiente al ejecutivo?:

–Quisiera depositar $100,000 en una cuenta. Quiero comenzar a sacar los intereses sobre eso, inmediatamente. Sin embargo, no estoy listo para hacer el depósito hoy, pero puede comenzar a pagarme mis intereses de inmediato.

El banquero probablemente dirá: –¡Claro que no! Primero debe hacer el depósito antes de que pueda cobrar los intereses.

Tan tonto como suena este ejemplo, contactamos muchos prospectos cada mes quienes buscan lo mismo.

Ellos quieren las recompensas primero, antes de depositar el esfuerzo.

¿Has escuchado alguna vez las siguientes afirmaciones de distribuidores y prospectos?

* No quiero comprar producto este mes. Voy a esperar hasta el próximo mes para ver si tengo un bono grande.

* Si tuviera un cheque más grande, entonces estaría emocionado.

* Esto suena como a trabajo duro. Pueden pasar muchos meses hasta que pueda ver los frutos.

* La junta me queda muy lejos. ¿Por qué no vas tú y me cuentas lo que sucedió?

* Si me prometes que me vas construir un grupo grande, pensaré en asociarme.

* Cuando la compañía salga con una nueva campaña de publicidad que haga que la gente venga en parvada hasta mi puerta. Ahí es cuando comenzaré a trabajar.

* Si mi grupo lo estuviese haciendo mejor, entonces podría costear el ayudarles a crecer.

* ¿Por qué debo de invertir en productos y herramientas? Todavía no he ganado dinero.

La lista sigue y sigue. La gente siempre parece buscar algo a cambio de nada.

¿No sería lindo si las compañías nos pagasen antes de trabajar? Claro que lo sería. Pero seamos realistas. Si vamos a hacerla como **líderes**, debemos ayudar a nuestros prospectos y distribuidores a que comprendan que **la recompensa sigue al esfuerzo**. No hay tal cosa como un almuerzo gratis.

El Distribuidor José Hace La Diferencia

Mientras el Distribuidor José continuó construyendo su negocio usando El Sistema, ganó más dinero. Ganó la satisfacción de saber que ayudó a cambiar la vida de otras personas.

José aprendió que hay mucho más en las redes de mercadeo que sólo el cheque. Para algunos, era un sentido de comunidad. Para otros era una pasión por compartir los productos con otros. Y para muchos, sólo les encantaba estar rodeados de personas positivas en lugar de sus cuñados negativos. Amaban la atmósfera de auto-desarrollo.

Así que ahora cuando José comparte la oportunidad con otros, puede contar historias acerca de personas que ayudó, que pudieran identificarse con ellos. Aquí están algunas de las historias de José.

Bob el Aburrido.

Bob no era dinámico, de hecho, era acusado a menudo de no tener personalidad. Como contador conservador, Bob estaba interesado en lo que unos pocos cientos de dólares por mes podrían hacer para engordar su jubilación.

Antes de las redes de mercadeo, Bob tendría un retiro total de $2,200 cada mes. Nada mal, pero no es suficiente para todos los gastos.

Así que ésto es lo que hizo Bob. Construyó un pequeño grupo que le generaba unos $500 cada mes. Con sus $500 extras al mes, pudo pagar su casa pronto. Ahora ya no tenía ese pago mensual de $900 por el crédito.

Con sólo ese cambio de remover sus pagos del crédito de $900, y con agregar los $500 extra cada mes, Bob pudo ahora retirarse cómodamente.

Bob dijo: –Ahora puedo ir a pescar y visitar a mis nietos en lugar de conseguir un empleo de medio tiempo sólo para pagar mis gastos.

La Esposa Mary.

Mary tenía un problema. Los gastos de la guardería, pagos de dos autos, un empleo que significa que no tiene tiempo para su familia.

El Distribuidor José ayudó a Mary a crear un ingreso de $1,500 por mes. Que fue suficiente para renunciar a su empleo ya que no necesitaba un segundo auto, ni guardería para sus hijos.

¿El comentario de Mary hacia José?: –Yo odiaba pagarle a otras personas para ver a mis hijos crecer. Yo quería ser su mamá de tiempo completo.

El Viajero Tim.

Tim tenía una pasión por viajar y experimentar el mundo. Sólo dos problemas.

1. Tim tenía un empleo. Que ocupaba la mayoría de su semana.

2. Tim no tenía dinero extra para viajar, así que simplemente se sentaba en casa y soñaba en viajar.

El Distribuidor José le presentó a Tim las emocionantes posibilidades de las redes de mercadeo. Le tomó dos años, pero Tim fue capaz eventualmente de renunciar a su empleo y viajar siete días por semana. ¿El comentario de Tim?

–Para mí, todos los días son feriado.

Heather paga su crédito escolar.

Heather era sólo una novata en la licenciatura, pero pudo ver que su crédito estudiantil podría ser mayor a $100,000 al terminar sus cuatro años. Esa sería una gran deuda que tendría colgando sobre ella después de la graduación.

En lugar de conseguir un empleo tradicional de los que pagan poco, Heather comenzó a hacer su negocio de redes de mercadeo. Mientras que su primer año fue difícil, estaba sólo aprendiendo, y su segundo año fue mejor. El cheque extra que ganaba fue suficiente para que su préstamo escolar del segundo año ya no fuera tan grande.

En su tercer año, su negocio de redes de mercadeo pagó sus gastos escolares, además que comenzó a pagar su préstamo previo.

En su cuarto año, no sólo pagó todo su crédito escolar, también tuvo dinero para pasar un último año confortable en la escuela.

Cuando Heather se graduó de la licenciatura, los cheques de su negocio de redes de mercadeo eran suficientes para darle una vida confortable, así que se retiró.

Heather comentó a José: –Mis amigos se graduaron con deudas, desempleados, esperanzados en conseguir un empleo que va a consumir casi todo su día, por el resto de sus vidas. Su recompensa por graduarse de la escuela, son 45 años de trabajo duro. Gracias por ayudarme a tener una vida diferente.

Oscar cambia su vida.

Oscar tenía 55 años de edad y apenas comenzaba a pensar seriamente en su jubilación. A través de su carrera en redes de mercadeo, nunca ahorró o planeó para su próximo retiro, y ahora estaba enfrentando el problema de tener poco tiempo, y mucho que lograr. El Distribuidor José tuvo que ayudarle a producir un ingreso para su jubilación en sólo siete años.

Afortunadamente Oscar tenía algo para comenzar. Su compañía tenía un plan de pensión que ofrecía $500 por mes. Aún que ésto era una vergüenza, era mejor que nada.

Oscar pensó en todos esos años en los que creyó que la compañía se haría cargo de él en su jubilación. ¡Pero qué broma! Dentro de siete años cuando esté listo para retirarse, $500 probablemente no podrán pagar los gastos a duras penas.

Oscar también podrá ser elegible para los beneficios del Seguro Social cuando se retire. Sus beneficios fueron calculados en $1,500 por mes. –Por lo menos me darán algo a cambio de todos esos años que les pagué,– pensó Oscar.

Ahora, una jubilación de $2,000 no es mucho dinero, pero es mejor de lo que muchas personas tienen cuando se retiran. Después de la alimentación, gastos del auto, renta, etc., $2,000 apenas proveerán las necesidades básicas. –¿Cómo puedo ahorrar y compensar por el tiempo perdido?– Pensó Oscar.

El Distribuidor José ayudó a Oscar a comenzar su negocio de redes de mercadeo, y aun que no fue muy exitoso, Oscar logró una red que generaba ganancias de más o menos $800 por mes.

Oscar sistemáticamente ahorró esto por un año y usó sus ahorros de $9,600 en un pequeño pago inicial en la casa de al lado. La casa fue rentada por $2,100 al mes y, después de impuestos, seguro y gastos menores, todavía quedaba algo de dinero para pagar la hipoteca.

Oscar entonces tomó su ingreso de tiempo parcial de $800 para pagar la hipoteca antes de tiempo. En unos pocos años, Oscar había pagado por completo la casa de al lado.

Ahora tenía un plan.

Después, compró otra casa en la misma calle. Oscar usó su ingreso de tiempo parcial de $800, más la renta de su otra propiedad para pagar la hipoteca de la nueva casa en tiempo récord. Ahora Oscar tiene dos casas con cero deudas.

Así que, ¿cómo se verá el retiro de Oscar cuando tenga 65?

Plan de pensión de la compañía: $500

Seguro Social: $1,500

Renta de dos casas: $2,200

Ingreso de redes de mercadeo: $800

INGRESO TOTAL: $5,000

Con un ingreso de jubilación de $5,000 por mes, Oscar vive cómodamente desde entonces.

Nota De Líder De Redes De Mercadeo: Piensa en el ingreso de jubilación que Oscar hubiese acumulado si hubiese comenzado sólo ocho o diez años antes. Al re-invertir el ingreso de cada casa que compró, fácilmente pudo haberse retirado con $100,000 por año o más.

Recuerda: Muchos nuevos distribuidores nunca se dan cuenta que sólo un pequeño ingreso extra de $800 al mes, si se invierte sabiamente, puede significar la independencia financiera en sólo unos pocos años. No necesitas ser un súper estrella en redes de mercadeo para alcanzar seguridad financiera.

Las redes de mercadeo son mucho más que sólo nosotros. Son mucho más que nuestro cheque personal. Se trata de cómo podemos **cambiar vidas y hacer la diferencia**.

Alimento Para El Pensamiento

Los pensamientos determinan lo que quieres ...

La acción determina lo que obtienes.

Piensa en ello.

Después, comparte tu negocio y cambia vidas.

MÁS RECURSOS DE BIG AL

¿Deseas que Big Al de una conferencia en tu área?

http://www.BigAlSeminars.com

Mira la línea completa de productos de Big Al en:

http://www.FortuneNow.com

Otros libros geniales de Big Al están disponibles en:

http://BigAlBooks.com

SOBRE EL AUTOR

Tom "Big Al" Schreiter tiene más de 40 años de experiencia en redes de mercadeo y multinivel. Es el autor de la serie original de libros de entrenamiento "Big Al" a finales de la década de los 70s, continúa dando conferencias en más de 80 países sobre cómo usar las palabras exactas y frases para lograr que los prospectos abran su mente y digan "SI".

Su pasión es la comercialización de ideas, campañas de comercialización y cómo hablar a la mente subconsciente con métodos prácticos y simplificados. Siempre está en busca de casos de estudio de campañas de comercialización exitosas para sacar valiosas y útiles lecciones.

Como autor de numerosos audios de entrenamiento, Tom es un orador favorito en convenciones de varias compañías y eventos regionales.

Traducción Por
Alejandro González López

Made in the USA
Middletown, DE
19 September 2020